Für Thomas, meinen besten Freund.

Ein kurzer Gruß der Autorin

Die Kanzlerin ist eine durch und durch erfundene Geschichte. Namen, Charaktere, Orte und Vorfälle sind allein das Ergebnis meiner Fantasie.

Die Kanzlerin

4

Inhalt

www.diekanzlerin.cool

www.facebook.com/BuchdieKanzlerin

Instagram: @dieKanzlerin

Twitter: @BuchKanzlerin

Herstellung und Verlag:
BoD - Books on Demand, Norderstedt
ISBN 978-3-7412-5375-1

1 Ein Skandal erschüttert die Politik

In einer Wohnung in der Urbanstraße 38 in Berlin Kreuzberg. Es ist 20 Uhr an einem Freitagabend im Juni.

Hermann Klotzer, 61 Jahre alt und arbeitslos, schenkt sich sein zweites Bier ein. Gemütlich lehnt er sich zurück in seinen abgewetzten braunen Ledersessel. Den hat er billig erstanden, unten im Erdgeschoss in einem Trödelladen. Dackel Krümel liegt ihm zu Füßen und schlummert selig vor sich hin. Durch die Fenster der Altbauwohnung strömt ein lauer Sommerwind. Es ist 20 Uhr, gerade eben hat die Tagesschau begonnen. Sprecher Mike Beton trägt heute eine schweinchenrosa Krawatte. *Immer dieser tuntige Stil*, denkt sich Hermann Klotzer und macht den Ton lauter.

»Guten Abend meine Damen und Herren, ich begrüße Sie zur Tagesschau. Ein Skandal erschüttert die Bundesregierung. Laut einem Bericht des Nachrichtenmagazins *Der Observierer* soll Bundeskanzlerin Angelika Mörkel Steuern in Millionenhöhe hinterzogen haben. Das Magazin basiert seine Recherchen auf eine CD mit brisanten Daten der Schweizer Kredit Bank. Die CD wurde der Redaktion vor einigen Tagen anonym zugestellt. Auch ein Video soll dabei gewesen sein. Mörkel soll laut *Observierer* 1,2 Millionen Euro am Fiskus vorbei auf einem Konto der Bank geparkt haben. Die Kanzlerin wollte zu den Vorwürfen zunächst nicht persönlich Stellung nehmen. Regierungssprecher Werner Knauf teilte per Pressemitteilung mit, dies seien wahnwitzige Erfindungen, und die Person, die diese Gerüchte in die Welt gesetzt habe, werde man hinter Gitter bringen. Dazu nun unser Berlin-Korrespondent Thomas Wanneberger. Thomas, was ist an dem Vorwurf dran, Kanzlerin Angelika Mörkel habe Steuern hinterzogen? Und wie fallen die Reaktionen auf diese Gerüchte aus?«

Die Kamera schaltet um auf Thomas Wanneberger, der vor dem Kanzleramt steht.

»Donnerwetter ...«, raunt Hermann Klotzer und macht den Fernseher lauter.

»Einen solchen Paukenschlag hat es im politischen Berlin schon lange nicht mehr gegeben. Die Gerüchteküche brodelt: Regierungs- und CDU-Parteichefin Angelika Mörkel soll letzten Herbst Geld auf ein Konto der Schweizer Kredit Bank eingezahlt haben, ohne das Geld jemals versteuert zu haben, so heißt es in einem aktuellen Bericht des *Observierers*. Die Staatsanwaltschaft Berlin hat soeben Anklage wegen Steuerhinterziehung erhoben. Ein Aufschrei der Empörung zog sich heute durch alle Parteien, es hagelte Rücktrittsforderungen von allen Seiten, sollten sich die Vorwürfe bewahrheiten. Eine Kanzlerin, die Steuern hinterziehe, das sei der moralische Super-GAU! Mörkel könne so nicht eine Sekunde länger an der Spitze der Regierung stehen.«

»Wie reagiert die Bundeskanzlerin auf die Vorwürfe?«

Die Kamera schaltet wieder zurück zum Tagesschausprecher.

»Äußerst ungewohnt. Es ist sonst nicht ihre Art, Konflikten aus dem Wege zu gehen, unberechtigte Vorwürfe gegen sie nicht unverzüglich aus dem Weg zu räumen. Jetzt aber scheut sie die Medien, sie ist regelrecht abgetaucht. Lediglich eine Mitteilung ihres Sprechers Werner Knauf erreichte uns. Mörkel habe eine lupenreine Weste, beteuerte er. Die Kanzlerin habe sogleich Anzeige gegen Unbekannt erhoben. Und sie werde natürlich mit der Staatsanwaltschaft zusammenarbeiten und sie bei ihren Ermittlungen unterstützen. Das war dann schon alles. Regierungssprecher Werner Knauf wollte die Gerüchte nicht weiter kommentieren.«

»Was folgt nun als nächstes?«

»Die Staatsanwaltschaft Berlin hat sich eingeschaltet. Sie werde umgehend den Fall prüfen, hieß es. Für die Opposition sind die Betrugsvorwürfe ein gefundenes Fressen. Mörkels Schweigen sei gerade in einer solchen Situation ganz und gar nicht angebracht, so die Grünen. Und die Linke findet, wenn wahr ist was da gesagt wird, dann sei die CDU-Parteispendenaffäre unter Helmut Pohl dagegen ein Schülerstreich. Der Koalitionspartner SPD, allen voran Vizekanzler Sigmund Michael, übt sich in Beschwichtigungen. Man wolle erst einmal die Untersuchungen der Staatsanwaltschaft abwarten, bevor man mit dem Finger auf die Kanzlerin zeige. Ganz nach dem Motto ›Im Zweifel für die Angeklagte‹. Und damit zurück nach Hamburg.«

»Danke Thomas Wanneberger in Berlin. Liebe Zuschauer, im Anschluss an diese Sendung senden wir heute zu dem Thema einen *ARD*-Brennpunkt. Und nun weitere Nachrichten: Ein Erdbeben auf der indonesischen Halbinsel Sumatra hat über fünfzig Menschenleben gekostet …«

Meine Fresse, denkt sich Hermann Klotzer, was für Verbrecher, diese Politiker! Da sieht man mal wieder, die kriegen den Hals einfach nicht voll! Ihr seid doch alle selber Schuld, ihr ganzen Volldeppen, die ihr so blöd wart, die Mörkel zu wählen – und das auch noch zum dritten Mal schon! Äej, was ich mit der machen würde, wenn die mir zwischen die Finger käme! Mit dem Besen würde ich ihr eine derart ordentliche Tracht Prügel austeilen, dass ihr die Mundwinkel bis zum Busen baumeln.

Hermann Klotzer kann sich beim Thema Politik richtig aufregen – so sehr, dass er ganz rot anläuft und die Fäuste ballt und wild durch die Gegend fuchtelt. Das Ballen und Fuchteln macht er aber nur, wenn er mit jemandem über Politik redet. Das passiert allerdings kaum, nur dann, wenn er zufällig Herrn Mayer am Kiosk trifft. Dann bleiben beide kurz stehen, auch Dackel Krümel, und sie reden über die aktuelle Schlagzeile der *Bild*-Zeitung. Meistens folgt dann, was Kioskbesitzer Klaus »Politiker-Bashing« nennt: Es wird ordentlich und herzhaft gemotzt über »die da oben«. Das ist dann meist das einzige Gespräch, das Hermann Klotzer an einem ganzen Tag führt – mal abgesehen von »Moin«, wenn er den Kiosk betritt oder im Netto an der Kasse die Kassiererin begrüßt. Wobei das Wort »begrüßen« hier ein falsches Bild malt, impliziert es doch, dass der Grüßende wenigstens hochsieht, wenn er die Lippen zum M spitzt, um dann sogleich ein gut hörbares O, I und N dranzuhängen. Bei Hermann Klotzer ist diese verbale Interaktion kaum des Wortes »begrüßen« würdig. Er nuschelt sein »Moin« derart dahin, dass man es mit dem gelangweilten Luftholen eines lethargischen Goldfisches verwechseln könnte.

Die Mörkel sollte mir mal über den Weg laufen, denkt Hermann Klotzer, *der würde ich ordentlich die Meinung trompeten.* Er steht auf und watschelt Richtung Küche. Dackel Krümel schaut kurz hoch, ein Ohr gespitzt. *Gibt's jetzt endlich mein Schlappi? Oder fällt es heute aus? Die Tierärztin hat Herrchen nämlich gesagt, man sei zu dick, man dürfe nur jeden zweiten Tag Nassfutter bekommen. Hätte*

Frau Tierärztin doch lieber über Herrchen den Kopf geschüttelt, der hat schließlich einen viel dickeren Bauch. Seiner ist außerdem nicht so schön in rotbraunes Fell gepackt. Herrchens Bauch hat diese eklige mattweiße Farbe und ist zudem dauernd zu sehen, weil das Hemd spannt und aus der Hose rutscht. Ich will jetzt mein Schlappi, denkt sich Krümel. Aber nein, nix ist heute. Herrchen schlürft nur zum Kühlschrank, um sich ein drittes Bier zu holen, die Schlappi-Dose wird keines Blickes gewürdigt, so wie die Kassiererin beim Netto.

2 Redaktionskonferenz

Im Flur eines Hamburger Verlagshaus. Es ist 20:18 Uhr.

Herzrasen, das hatte Tom Berber schon lange nicht mehr vor einer Redaktionskonferenz. Kein Wunder, die Nachrichten des Tages sind ungeheuerlich, so viel ungeheuerlicher als sonst im langweiligen Redaktionsalltag. Und sie sind – da muss er sich immer wieder selbst auf die Schulter klopfen – allein ihm zu verdanken. Grins!

Seit etwas mehr als zehn Jahren arbeitet Tom Berber als Journalist. Zuerst als Praktikant für eine Berliner Zeitung, dann als freier Mitarbeiter. Seit gut zwei Jahren lebt er in Hamburg und ist der jüngste Politikredakteur des *Observierers*. Er hat es auf den Thron der Nachrichtenberichterstattung geschafft – die Krönung aber kommt jetzt.

Tom muss sich beeilen, die anderen Redakteure sitzen bereits im Konferenzraum. Eine Sondersitzung wurde für heute anberaumt, ausnahmslos alle Kollegen einbestellt – Uhrzeit, Wochenendbeginn, das war heute egal. *Sie werden mich bewundern, mir endlich den Respekt zollen, den ich all die Jahre so sehr herbeigesehnt habe.* Bisher gab's nur ein »Coole Story« oder ein »Hey, geil, hey«, wie das eben so ist, wenn man bis dato nur kleinere Skandalgeschichten an Land gezogen hat.

Tom geht stolz den Flur entlang, das ist sein Tag heute. *Sie werden einer nach dem anderen fragen, ob ich Zeit für ein kurzes Mittagessen habe, oder für eine Kaffeepause, oder sogar für ein Feierabendbier. Sie werden mich alle löchern wollen, woher ich meine Informationen bekommen habe, wie es dazu kam und so weiter.* Tom hat die Szene schon bildlich vor Augen. *Tut mir leid, entschuldige,* geht er gedanklich den Dialog durch. *Ich kann nicht, ich warte auf einen Anruf meines Informanten und muss noch so viel schreiben. Ach, wie schön ist Angeben! Mörkels Steuersünden, sie sind mein Watergate! Welchen Medienpreis ich wohl bald bekomme? Ach wie schön es ist, Erfolg zu haben! In all den Jahren habe ich noch nie so eine brisante Geschichte ausgegraben. Genau genommen die anderen Kollegen auch nicht,* überlegt Tom, *damit hänge ich für die anderen die Messlatte nun natürlich ziemlich hoch.*

Es war ein Glücksgriff, dass er Anfang der Woche das Telefongespräch seines Kollegen annahm, als der gerade Mittag machte, und eine blecherne Stimme ihm von einer geheimen CD aus der Schweiz erzählte, die angeblich brisante Informationen über ein geheimes Konto der Kanzlerin enthielten, wie viel Kohle der *Observierer* dafür rüberwachsen lassen müsse und wann man sich treffen könne. Zum Glück hatte er an dem Abend sowieso nichts anderes vor – es ist ja schließlich nicht so, als würde Tom ein rauschendes Privatleben führen. Er – und nicht sein Kollege Holger – ging also an jenem Montagabend zu dem vereinbarten Treffpunkt. Er hörte dem in einen Kapuzenpulli verhüllten Mann mit Spiegelbrille zu, und siehe da, was daraus für ein waschechter Skandal wurde – auch wenn das Konto des *Observierers* nun um viele, viele Euro leichter ist. Aber das war es Toms Chef wert.

Was sich manche trauen, war Toms erster Gedanke, als er das allererste Mal mit seinem Informanten sprach. Wie dekadent manche Steuern hinterziehen und gleichzeitig in der Öffentlichkeit Rechtschaffenheit predigen! Dass gerade prominente Politiker, allen voran die Kanzlerin, glauben, ein Schweizer Konto sei wirklich geheim und niemand bekomme Wind von dem Geld! Tom hatte natürlich recherchiert, genau geprüft, was dran ist an den Anschuldigungen. Es war eigentlich ganz einfach, sein Skandalartikel war im Nu zu Papier gebracht. Er hatte das unterschriebene Kontoeröffnungsdokument (das Original, nicht die Kopie!) einsehen können. Der Mann zeigte ihm sogar ein Video, wie sich Angelika Mörkel in die Bankfiliale schleicht – getarnt mit Hut! Also wenn das kein Indiz ist für ihre betrügerischen Absichten! *Jetzt mal ehrlich, wie kann gerade die Mörkel so dumm sein,* denkt sich Tom das vielleicht hundertste Mal seit Anfang der Woche und biegt ab in den Konferenzraum. Alle Augen sind wie erwartet auf ihn gerichtet. Endlich mal.

Tom setzt sich ans Ende des massigen, ovalen Konferenztisches, ganz hinten ins Eck, so wie sonst. Aber heute ist alles anders. Er ist heute mal nicht unsichtbar. Sein Chef – Robert Merburg, 54 Jahre alt, gut im Futter, aber schütter im Haar – sitzt am Kopfende des Tisches und trommelt nervös mit den Fingern auf den Tisch. Beim Sprechen schiebt er immer wieder das Kinn nach vorne, wie ein angriffslustiger Kampfhahn. Der Schweiß steht Robert Merburg auf der rot angelaufenen Stirn. Vor lauter Aufregung hat er sogar vergessen, sich eine Krawatte umzubinden. Das wäre dann auch das erste Mal.

»Tom!«, schleudert Robert Merburg über den Tisch und nimmt ihn fest ins Visier. »Gut gemacht! Ich spare ja sonst mit meinem Lob, aber … gut gemacht. Wir waren endlich mal der Aufmacher der

Tagesschau!« Mehr darf man von *El Chefe*, wie sie Robert Merburg in der Redaktion nennen, nicht erwarten. Selten erkennt er gute Arbeit an, dafür wird schlechte umso lautstärker gescholten. Aber wenn der *Observierer* in der Tagesschau erwähnt wird, ja dann ist das ein ordentliches Lob wert.

»Alles fertig für morgen und im Druck?« El Chefe zappelt auf seinem Stuhl hin und her wie ein nervöser Schuljunge. Tom nickt.

»Wie oft wurde der Beitrag auf unserer Webseite bereits angeklickt?«

Tom holt seinen Laptop raus, klappt ihn auf: Der Zählerstand zeigt 52.345 Mal an. Locker-lässig und obercool zieht er eine Kopie des Berichts aus seiner Mappe und wirft sie vor sich auf den Tisch, mit einer Handbewegung, als würde er eine Frisbeescheibe werfen.

»Bitteschön. Das hier wird morgen im Heft stehen.« Tom lächelt verschmitzt und fühlt sich … gut! Alle Augen im Raum fixieren den kleinen Papierstapel.

»Und? Für alle noch mal klar und deutlich und kurz zusammengefasst: Was steht drin?«

»Mörkel hat 1,19 Millionen Euro in einem Koffer in die Schweiz gefahren, ein Konto eröffnet und sich kurz darauf still und heimlich wieder davongemacht.«

Ein Raunen geht durch den Raum.

Tom erzählt, was er recherchiert hat, wie er die Unterschrift auf dem Kontoeröffnungsdokument der Schweizer Kredit Bank einsehen konnte, von dem Video des Sicherheitsdienstes, das Mörkel zeigt, wie sie am 23. April in die Zürcher Zentrale der Bank hineinspaziert war, mit Schirmmütze und dunkler Sonnenbrille getarnt, einen schwarzen Koffer in der Hand. Von den Aussagen seines Informanten, wie

Mörkel in einem kleinen Mietwagen mit Berliner Kennzeichen das Geld nach Zürich gekarrt habe. Das alles erzählt Tom stolz seinen Kollegen, natürlich ohne die Namen seiner Quellen preiszugeben. Keiner soll ihm die Geschichte wegnehmen können. *Ach wie wunderbar ist dieser Triumph! Noch nie habe ich eine Redaktionskonferenz so sehr genossen!*

»Hört mal, Leute!«, schleudert Robert Merburg seinen Kollegen fast drohend entgegen. »Ich will, dass wir Frau Mörkel finden, um so schnell wie möglich einen O-Ton samt Bild abdrucken zu können. Habt ihr mich verstanden? Das ist *DIE* Story des Jahrhunderts, so ein Skandal kommt nicht alle Tage in unsere Redaktion geflattert. Wir müssen die Alte schnellstmöglich zur Rede stellen! Setzt alle Hebel in Bewegung! Ich will, dass wir die ersten sind, die ihr auflauern! Ich will, dass ihr euch reinkniet, Tag und Nacht. Das ist unsere Chance, Auflage zu machen!!!«

El Chefe fängt wieder an wie wild mit den Armen zu rudern, so geflasht ist er von der Tatsache, endlich wieder mal eine skandalgeladene Enthüllungsgeschichte auf dem Titelblatt zu haben. Es war nämlich in den vergangenen Monaten ruhig geworden um den *Observierer* – nicht gerade dienlich für seine Karriere.

Robert Merburg schmettert mit der Faust auf den Tisch. »Wir lauern ihr auf, und machen sie fertig!«

Tom überlegt. Die Story ist jetzt schon sein größter Triumph. Wie könnte er sich schmücken, wenn er die Mörkel auch noch finden und sie zur Rede stellen könnte! Gleich mehrere Sprossen auf einmal würde er auf der Karriereleiter überspringen. Doch wo hält sich die Mörkel momentan auf? Sie hockt bestimmt nicht in ihrer Berliner Wohnung.

Dort ist eine Reporterbelagerung vorprogrammiert. Wo also taucht eine Kanzlerin unter? In Berlin? In ihrem Wahlkreis auf dem Land? Bei ihrer Mutter? Oder im Ausland bei irgendeinem blöden Steuersünder-Artgenossen?

»Quetscht ihren Mann, Frau Mutter, alle ihre Freunde aus, wo sie ist«, entlässt Robert Merburg die Runde. »Ich will wissen, wo sich die Mörkel versteckt, um jeden Preis!« Robert Merburg ist eben ein Bluthund, wie er im Buche steht.

Die Redaktionskonferenz ist zu Ende. »Tom, bleib noch eine Minute hier, ich muss dich alleine sprechen«, ruft Robert Merburg über die Köpfe der Kollegen hinweg. Er schließt die Tür, als sie alleine sind. Tom setzt sich ganz vorne ans Kopfende des ovalen Tisches. Robert Merburg kommt gleich zur Sache. »Tom, ich möchte, dass *du* sie findest. Verstehst du mich. Du hast von allen die besten Kontakte nach Berlin und die größte Motivation, lieg' ich richtig?« El Chefe grinst schelmisch. »Hast du einen Wagen?«

»Ja, ich kann das Auto meiner Mutter nehmen.«

»Gut, fahr gleich los. Schnapp dir Marco, der hat den schnellsten Finger am Abzug. Außerdem kennt er nix, wenn es darum geht, ein Foto zu bekommen, noch dazu der erste zu sein. Lauert vielleicht zuerst Mörkels Mann auf. Dorothee schick ich zu der Mutter in die Uckermark, die bequatscht sie schon – vorausgesetzt, sie weiß was. Und du hörst dich bitte in Berlin um.«

Robert Merburg verschränkt die Arme und sieht aus dem Fenster. Draußen wird es langsam dunkel, schwarze Wolken ziehen am Himmel auf. »Ich werde morgen früh gleich mal mit meinem Studienkollegen telefonieren, der bei der Telekom arbeitet. Mal sehen, mit wem Mrs. Mörkel so telefoniert hat die Tage.«

Robert Merburg holt tief Luft und nimmt seine Brille ab – diese Theatralik ist typisch für ihn. »Enttäusch mich nicht«, flüstert er, den Blick eindringlich auf Tom gerichtet.

Keine Sorge, denkt sich Tom und grinst. *Keinesfalls.* »Ich werde sie finden, Sie haben mein Wort.«

Ja, alles wird Tom dransetzen, Angelika Mörkel aufzuspüren. Nur wie? Ob sie in Berlin untergetaucht ist oder doch anderswo? Er weiß nicht, wo um Himmels Willen er anfangen sollte zu suchen.

3 Eine Autoreise nach Berlin

Tom und Marco auf dem Parkplatz des Verlagshauses. Es ist 21:05 Uhr.

Tom fummelt in seinem Rucksack nach dem Autoschlüssel. Marco trottet schwer bepackt mit seiner Kameraausrüstung neben ihm her. *Mutti hat zum Glück heute Abend ihren Buchclub*, denkt sich Tom. Den zelebriert sie jeden Freitagabend mit ihren gackernden Nachbarinnen zuhause auf dem Sofa. Ein, zwei, drei Gläschen Sekt werden da locker plattgemacht. Einen Lärmpegel haben diese Versammlungen, dass einem die Ohren klingeln. Mutti würde ihr Auto also heute Abend nicht mehr brauchen. So hat Tom die französische Klapperkiste mit zur Arbeit nehmen können. Ihm ist das eigentlich immer etwas peinlich, den Kotflügel hat sie nämlich mit rosa Aufklebeblumen verziert, so eine Art Wandsticker fürs Auto.

»Was is'n das für 'ne Schwuchtelkarre!«, rief Kollege Holger neulich mal laut lachend.

»Mutti hat immer Schwierigkeiten, ihr Auto auf'm vollen Parkplatz wiederzufinden. Ist ihr Erkennungszeichen.«

Tom wäre am liebstem im Boden versunken. Holger machte daraufhin noch ein paar abfällige Bemerkungen über die Schrammen und Dellen an der Stoßstange und lästerte irgendwas über Frauen und Einparken.

»Hast du alles?« fragt Tom und steigt ein.

»Ja, kannst losfahren.« Marco knallt den Kofferraumdeckel zu und setzt sich auf den Beifahrersitz. Tom braust mit seinem Kollegen davon. Sie fahren erst einmal nach Berlin. Irgendwie sagt ihm sein Gefühl, dass Angelika Mörkel dort eher untergetaucht sein könnte als anderswo. Es wird die Suche nach der Nadel im Heuhaufen werden. Tom hat einen alten Schulfreund in Neukölln, da würden er und Marco ein paar Tage auf der Coach pennen können.

Die Zeit drängt. Fast drei Stunden würden sie an diesem Freitagabend von Hamburg nach Berlin brauchen.

4 Das Dilemma mit der Kanzler-Ohrfeige

Irgendwo auf einer Berliner Straße fährt ein dunkler Audi A8, an dem mehr dran ist, als man auf den ersten Blick annehmen würde: Panzerglas, Trennwand, Bordtelefon, ein Kühlschrank mit einer Flasche Martini. Die öffnet gerade eine in den Sitz gesunkene Kanzlerin. Neben ihr zappelt ihr gegelter Pressesprecher. Es ist 21:30 Uhr. Es regnet und es ist wenig Verkehr.

»Du musst eine Zeit lang untertauchen, Geli. Gehst du jetzt ganz normal deinen Terminen nach, als würde kein Gerüchtegewitter über dir hereinbrechen, ist es vorbei! Dein Erbe als Krisenkanzlerin, als Retterin des Euro, als Flüchtlingsmama – mit einem Wimpernschlag wäre alles dahin! Denk an dein Image, Geli. Wir brauchen jetzt – mehr als alles andere – Zeit! Zeit, die Verleumdungen aus dem Weg zu räumen, damit dich kein Journalist deswegen jagen kommt. Wir verstecken dich. Johannes habe ich schon Bescheid gesagt.«

Werner Knauf hat sich sein Wochenende anders vorgestellt. Er hat sich den Freitag freigenommen und fuhr nachmittags mit seiner Frau mit dem Fahrrad an den Wannsee, die beiden Chihuahuas vorne im Körbchen mit dabei. Sabine hatte Kuchen eingepackt, er Luftpumpe und Gummiboot. Gerade rollte er die Strandmatten aus, als der Anruf kam mit der Bitte, den Bericht des *Observierers* zu kommentieren, der morgen früh im aktuellen Heft erscheinen würde. Ein Alptraum für jeden (Ich-hab-keine-Ahnung-wovon-Sie-reden-)

Pressesprecher. Was hat der Reporter gesagt? Er habe Beweise, dass Angelika Mörkel Steuern hinterzogen habe – und nicht gerade wenig? Man möge doch bitte dazu Stellung nehmen.

»Äh, ja, also, ich bin gerade nicht im Büro … Am See mit Frau und den Hunden …Was haben Sie da eben behauptet?«, stammelte er. Dann ging ihm ein Licht auf. *Oh nein*, dachte er nur.

Es war Mitte vergangener Woche, als ein anonymer Anrufer ins Telefon raunte, Mörkel habe ein Geheimkonto in der Schweiz, fast 1,2 Millionen Euro seien auf das Konto eingezahlt worden. Er habe Beweise für einen großflächigen Steuerbetrug, und eine CD mit Beweisen und einem Video sei in seinem Besitz. »Wenn Sie mir aber zwei Millionen Euro rüberwachsen lassen, wandert die CD in den Schredder – ansonsten geht sie direkt an das zuständige Finanzamt – und natürlich die Presse.« Der Anrufer wollte partout seinen Namen nicht nennen (kein Wunder!). »Spätestens dann wird Ihre Chefin nichts mehr zu lachen haben«, fügte er hinzu. »Und Sie auch nicht, Sie sind dann nämlich … arbeitslos.«

Er, ein diplomierter Volkswirt mit CDU-Parteibuch … arbeitslos? Ein Albtraum! Das waren doch nur – wie sagen die Nachbarskinder immer – Nullnummern.

Ach was, dachte sich Werner Knauf, *das ist doch alles nur ein böser Scherz. Kein Mensch, und schon gar nicht die Geli, ist so abgebrüht und macht vorne rum auf ehrbare Kanzlerin, hinten rum aber hinterzieht sie großflächig Steuern. Das kann es nicht geben – nicht mal diese kalte Hundeschnauze macht so was!* Er nuschelte ein kurzes »Ich hab leider keine Zeit für Telefonscherze« in den Hörer, legte kopfschüttelnd auf und war wie vereinbart zu seinem Treffen mit einem der Staatssekretäre des Auswärtigen Amtes ins *Café Einstein* gefahren. Nullkommanichts hatte er den Anruf vergessen, auch dank der zwei vorzüglichen Aperol Spritz.

Bis wenige Tage später, an diesem Mittag um genau zu sein, kurz nach dem störenden Anruf des *Observierers*, ein Beitrag auf dessen Webseite erschien, der wie eine Bombe einschlug.

Angelika Mörkels Sekretärin Beate Buhmann rief hektisch bei ihrer Chefin zuhause auf dem Festnetz an, was denn da los sei, ob sie denn nicht eben die *Observierer*-Eilmeldung gelesen habe. (»Frau Mörkel, reagieren Sie bitte, wenn Ihr Handy so komische Piepstöne macht! Sie müssen wissen, was in der Welt passiert, auch wenn Essenszeit und eigentlich schon Wochenende ist!«) Angelika Mörkel hatte genervt die Augen gerollt und nur halbherzig zugehört. »Was kann denn so dringend sein ...«, maulte sie und ließ die Gabel in ihren Salat fallen. Gelangweilt kramte sie ihr Smartphone aus der Strickjackentasche, zog dann aber erstaunt die Augenbrauen hoch, als sie mitansehen musste, wie eine hässliche Eilmeldung nach der anderen vom Steuerskandal der Kanzlerin berichtete.

»Guck mal, Johannes, da wird ein hässliches Süppchen gekocht«, sagte sie zähneknirschend. Johannes Mörkel, der davon ausging, dass seine Frau von den fragwürdigen Kochkünsten der Haushälterin sprach, musste erst einmal seine Brille rausholen, als seine Frau ihm ihr Handy hinhielt. Die Kanzlerin machte ein Zitronengesicht, ihrem Göttergatten fiel die Kinnlade herunter. Er drehte sich fassungslos zu seiner Frau. So also ging alles los.

»Guck mich nicht so doof an, Hanni!«, zischte die Kanzlerin, während sie mit zitternden Händen das Überwachungskameravideo anklickte, das der

Observierer auf *YouTube* hochgeladen hatte. Beide sahen sie, wie Mörkel mit Sonnenbrille, Mütze und in einen Mantel gehüllt einen Koffer tragend an einen Tresen tritt, ein Papier unterschreibt und den Koffer einem Portier übergibt.

»Erkennst du diese Eingangshalle wieder, mein Lieber?«

Johannes Mörkel war ganz blass geworden. Angelika Mörkel marschierte schnurstracks in ihr Lesezimmer, schloss die Tür hinter sich ab und ließ sich in ihren Sessel fallen. *Oh nein*, dachte sie, *das darf doch nicht wahr sein. Mich hat jemand erkannt.*

Johannes Mörkel klopfte an die Tür, bat seine Frau zu öffnen, doch sie saß starr vor Schreck einfach nur da. Sie hatte Angst – Angst, zur Lachnummer zu werden.

Ihr Handy klingelte kurze Zeit später. Pressesprecher Werner Knauf war dran. »Geli, ich hab nur eine Frage«, stammelte er mit schriller Stimme. »Wahr oder nicht wahr?«

»Unverschämtheit! So eine Frage!«, brüllte sie ins Telefon. »Für wen hältst du mich eigentlich???«

Werner Knauf erzählte daraufhin von dem anonymen Anrufer, an den er sich plötzlich erinnerte. Und von der Geldforderung. Und von den angeblichen Beweisen und dem Video …

»Warum hast du mir das damals nicht erzählt? Du musst mir doch von so einem Anruf berichten!« Angelika Mörkel war in Rage, sie schmetterte bitterbös hinterher, er solle diesen »Schlechte-Presse-Scheiß« sofort aus der Welt räumen, die Aufmerksamkeit der Medien schnellstmöglich auf ein anderes Thema lenken. »Und zwar dalli! Ich komm jetzt ins Kanzleramt und mach dir Beine!«

Während Regierungssprecher Werner Knauf mit quietschenden Reifen vom Bundespresseamt ins

Kanzleramt fuhr, hatte er kurz Zeit zu überlegen. Seine Chefin hatte das für sie unübliche Wort »Scheiß« angewandt. *In Mörkel-Sprache heißt das, dass nichts dran ist an der Geschichte*, beruhigte Werner Knauf sein komisches Bauchgefühl. *Sie spricht sonst nicht so vulgär. Geli beschäftigt sich mit Tatsachen, Gerüchte zu kommentieren, vor allem dieser widerlichen Art, dazu lässt sie sich erst gar nicht herab*, sagte er sich, und begann, nachdem er sich wieder gefangen hatte, eine Strategie auszutüfteln. Und die ging so: Die Anschuldigungen schnell und ein für alle Mal aus der Welt räumen, um wieder zum normalen Tagesablauf übergehen zu können. Schritt Nummer eins: die Staatsanwaltschaft dabei unterstützen, ihr Untersuchungsverfahren gegen Mörkel schnellstmöglich ad acta legen zu können und eine Pressemitteilung verschicken, in der steht, dass nichts dran sei an den Gerüchten, dass Mörkel eine lupenreine Weste und Anzeige gegen Unbekannt erstattet habe. Nun aber gibt's ein Problem: Bis die Verbreiter dieser Gerüchte vor Gericht gezerrt sind, würden ein paar Tage vergehen. Und die könnten für die Kanzlerin gefährlich werden. Noch mal so ein Backpfeifen-Desaster darf es auf keinen Fall geben. Daher Schritt zwei: Mörkel aus der Schusslinie nehmen. Aus der Schusslinie nehmen kann Werner Knauf seine Chefin am besten, indem sie ein paar Tage untertaucht, bis alle Anschuldigungen aus der Welt geräumt sind. Denn so kann ihr kein Reporter auflauern, sie mit grässlichen Fragen zu dem Thema bombardieren und sie verärgern. So bekommt keiner eine Ohrfeige – eine Ohrfeige, wie sie in den Medien spöttisch die »Kanzler-Ohrfeige« genannt wird.

Was hat es mit der Kanzler-Ohrfeige auf sich? Nun, Angelika Mörkel kann man verschiedenste

Wesensmerkmale zuordnen. Sie ist eine höfliche Frau, sehr intelligent, manche sagen, sie sei detailversessen, loben ihre Disziplin. Während die Kanzlerin viele gute Eigenschaften besitzt, hat sie, wie jeder Mensch, natürlich auch ein paar schlechte. Sie sei eigenwillig, manchmal wirsch, oder – wie sich ihre Sekretärin oft beschwert – zu wenig an neuer Medientechnik interessiert. Und dann wäre da noch die Sache mit ihrer unkontrollierten rechten Hand ...

Wenn Vertreter der Presse Angelika Mörkel ärgern, dann versteht sie keinen Spaß. Während Parteikollegen oder nörgelnde Oppositionspolitiker allerhöchstens mit Schimpftiraden übersät werden, wird sie bei ihr nachjagenden und belagernden Journalisten garstig. Mit denen kennt sie keinen Spaß! Bei Journalisten, die nicht nach ihrem Protokoll arbeiten, hat sie sich nicht mehr unter Kontrolle. Es ist ihre rechte Hand, die ihr zum Verhängnis wird, denn diese schnellt, fühlt sich Frau Bundeskanzlerin beleidigt, wie ein Airbag nach vorne und watscht das Gegenüber mit einer derart saftigen Backpfeife ab, dass dunkelrote Spuren zurückbleiben. Und natürlich eine Anzeige wegen Körperverletzung.

Es gab zum einen diesen Reporter aus England, der ihr letztes Jahr nachgestellt und sie mit Fragen über ihre Ehe und ihren Mann bombardiert hat. Er wollte wissen, ob Frau Bundeskanzlerin die Visakartenabrechnungen ihres Mannes regelmäßig überprüfe, schließlich gehe aus ihnen hervor, dass er in einem Männer-Stripclub gewesen sein, dort drei Gin Tonic bestellt habe ... Und – nun kommt der Hammer – der Besitzer des Clubs kann es bezeugen: Johannes Mörkel habe einem Mann einen grünen Geldschein unter den String Tanga geschoben! Potz

Blitz. Ob man so etwas schon mal gehört habe! *»Who knew your Hanni eats out sometimes«,* hatte er auf rüdeste Art gegrölt.

Eine Millisekunde später hatte der besagte britische Reporter einen knallroten Handabdruck der deutschen Bundeskanzlerin auf seiner Wange prangen; ein Souvenir, das er natürlich stolz mit nach Hause trug, da es ihm dort und im Rest der Welt Bekanntheit bereitete. Keine Zeitung, keine Nachrichtensendung im Fernsehen oder Radio ließ die Skandalgeschichte unerwähnt. Es hagelte Rücktrittsforderungen von allen Seiten. Eine Kanzlerin, die sich wieder mal nicht unter Kontrolle habe, die ein weiteres Mal handgreiflich geworden sei, die könne nicht an der Spitze eines Staates wie Deutschland stehen. So jemand diene wahrlich nicht als Vorbild, so jemand könne doch nicht die Interessen des deutschen Volkes und der Wirtschaft vertreten. Angelika Mörkel und Werner Knauf hatten ganz schön viel Arbeit, diesen Imageschaden zu beheben. Die Kanzlerin musste am Ende hoch und heilig versprechen, dass so ein Missgeschick nie wieder vorkommt, nur so konnte sie sich im Amt halten.

Drei Jahre zuvor gab es diese Geschichte mit einer Praktikantin eines Privatfernsehsenders. Sie fragte Mörkel im Vorbeigehen, auch wenn eine Paris Hilton sie für eine attraktive Frau halte, ob es nicht trotzdem an der Zeit sei, zum Schönheitschirurgen zu gehen, um ein bisschen Schwerkraft aus den Backen zu schneiden. Das war Handausrutscher No1.

Die Wähler zeigten damals Verständnis, es sei ja nachvollziehbar, wenn die Kanzlerin eine solche Frechheit abstrafe. Sie verziehen Mörkel ihre erste Kanzler-Ohrfeige schnell. Als die Kanzler-Ohrfeige dann aber zwei Jahre später erneut Schlagzeilen machte, erkannte man ein Ich-hab-mich-nicht-unter-Kontrolle-Verhaltensmuster, das den einen oder anderen Wähler vergraulte. Die Umfragewerte brachen ein. Viele fragten sich: Wenn Frau Mörkel ihre Hand nicht im Griff hat, wie dann eine ganze Nation?

Werner Knauf will also um alles in der Welt eine dritte Kanzler-Ohrfeige vermeiden. Am besten, indem skandalgeile Journalisten in den nächsten Tagen nicht auf die Kanzlerin treffen. Werner Knauf hofft, dass seine Strategie funktioniert, sich die medialen Wogen glätten und die Staatsanwaltschaft außerdem genügend Zeit bekommt, Fakten zu recherchieren, die belegen, dass Angelika Mörkel eben *keine* Steuerbetrügerin ist und die Berichte des *Observierers* völliger Humbug sind. Was sie ja auch sind, da ist sich Werner Knauf sicher.

Nicht ganz so sicher, wenn er ehrlich ist. Irgendwie lässt ihn das Gefühl nicht los, dass da etwas nicht stimmt. Jedes Mal, wenn Werner Knauf sich vergewissern will, dass Angelika Mörkel wirklich nicht betrogen hat, dass falsch ist, was in den Medien über sie gesagt wird, weicht sie aus. Nicht nur der Frage, auch seinem Blick. *Wo bleibt ihr klares, nachdrückliches Abstreiten?*

Er stellte heute folgende Frage bestimmt schon das zehnte Mal: »Geli, das ist alles nur ein hinterhältiges Manöver, um dich politisch zu schwächen und persönlich zu diskreditieren, jemand ist hier nur auf einen Racheakt aus, um dir – warum auch immer – ordentlich eins auszuwischen, richtig?« Irgendwann stammelte Werner Knauf nur noch. »Oder, Geli? Da ist nichts dran an dem, was man dir vorwirft, richtig?«

Die Kanzlerin sagte jedes Mal angewidert: »Aber nein doch, das habe ich dir hundertmal versichert.« Doch sie wirkte immer, als sei sie mit ihren Gedanken weit weg.

Zurück zum gepanzerten Kanzler-Audi an diesem Freitagabend im Juni. Die Kanzlerin nimmt sich ein Glas, schenkt sich zwei große Schlucke Martini ein, schaut durch die Fensterscheibe auf die regennasse Straße und denkt nach. Sie ist sich nicht sicher, ob es eine gute Idee ist, jetzt so einfach aus der Öffentlichkeit zu verschwinden. Als feige würden ihre Kritiker sie verspotten. Außerdem, wer würde morgen die Gespräche mit der Türkei über deren EU-Beitritt so richtig schön mit Pauken und Trompeten scheitern lassen? Ohne sie würden die anderen Regierungschefs den Türken die Tür zu lasch vor der Nase zuknallen. Da muss Theatralik rein! *Tauche ich unter, habe ich die Zügel nicht mehr in der Hand,* denkt sie und zieht unbewusst an den Riemen ihrer Handtasche.

»Wenn wir jetzt nicht alle Vorwürfe erst einmal aus der Welt schaffen und Ruhe in die Diskussion bringen – und zwar ohne, dass du von der Weltpresse gejagt wirst –, dann ist deine Kanzlerschaft gefährdet. Das können wir unmöglich zulassen!« *Ebenso wenig, dass ich morgen keinen Job mehr habe.* Werner Knauf ballt die Faust und beißt hinein, zu gruselig erscheint ihm die Vorstellung, durch einen Fehltritt in dieser Krise seinen Job zu verlieren. Vor dem Nichts stehen, arbeitslos sein, das will er um keinen Preis. Die Erinnerungen an seinen Vater blitzen in seinem Gedächtnis auf, wie der rotze-besoffen zuhause auf dem Sofa einschlief, nachdem die Treuhand seinen maroden Betrieb geschlossen und er tags darauf den gefürchteten Kündigungsbrief bekommen hatte. Ein dickbäuchiger Krawattenträger mit Mundgeruch, der aus dem Westen kam und Rentabilität wie eine

Religion predigte, der nicht begriff, dass ein Betrieb mehr sein konnte als nur eine Arbeitsstelle, dieser Manager hatte ihm emotionslos die Kündigung überreicht. Werner Knaufs Vater war fortan dem Sozialamt gut bekannt.

Dass auch ihm der Boden unter den Füßen weggezogen werden könnte, dass will Werner Knauf nicht zulassen. Er hat lange gekämpft und alle erdenklichen Vitamin-B-Register gezogen, um Regierungssprecher zu werden. Kampflos würde er diesen Job mit samt seinen Vorzügen nicht aufgeben. Allein die Vorstellung, wieder selber Auto fahren zu müssen, keinen Chauffeur mehr zu haben und ohne Sekretärin auskommen zu müssen! Oder vom Bundespresseball lediglich aus der Gala zu erfahren! Es schaudert ihn. Eine schreckliche Vorstellung ist das. Werner Knauf muss alles tun, damit Angelika Mörkel zustimmt und für ein paar Tage untertaucht. Damit die Staatsanwaltschaft alle Uhren wieder auf null stellen kann.

»Bis diese Vorwürfe vom Tisch sind, Geli, das dauert doch nicht lange. Die Staatsanwaltschaft macht einen auf wichtig, und am Ende stellen sie öffentlich fest: Uuups, die Kanzlerin hat ja gar kein Konto in der Schweiz! Geli, Mensch, jetzt sag doch mal was.«

»Und dann?« Angelika Mörkel dreht sich zu ihrem Pressesprecher. Jetzt erst merkt sie, wie erschöpft, wie müde sie ist. *Die mächtigste Frau der Welt nennen sie mich ehrfürchtig. Mein Wort hat Gewicht in Europa. Ich bin stolz auf mein politisches Vermächtnis und meinen Beitrag zur deutschen Geschichte: Die Retterin der Währungsunion bin ich, die Margaret Thatcher des europäischen Festlandes. Ich diene diesem Land an jedem einzelnen Tag. Frei am Ostersonntag? Sie haben wohl zu viel Klebstoff geschnüffelt! Ich reiß mir den Arsch auf, damit Deutschland in der Welt wieder was zu sagen hat. Ich hock noch auf'm Klo und schreib eine SMS an meinen griechischen Amtskollegen, der partout einfach nicht genug sparen will und uns mit seinem blöden Gesocks den Euro vermasselt! Habe ich mich je beschwert? Auch darüber, dass ich nicht unbeobachtet beim Italiener einen Teller Spaghetti essen und dazu eine Flasche Rotwein trinken kann? Habe ich nicht. Eines aber ist mir echt zuwider, da bin ich nicht d'accord: wenn naseweise, freche Journalisten ihre Nasen wo reinstecken, wo sie nicht hingehören. Vor allem, wenn's ums Privatleben geht. Was Hanni und ich machen, das geht keinen was an.*

»Was ist dann, wenn ich untergetaucht bin? Wenn ich weg bin? Dann werden doch alle denken, das sei ein Schuldeingeständnis. Außerdem, wer soll regieren, wenn ich nicht da bin? Genosse Sigmund Michael etwa? Nur über meine Leiche lass ich ihn diese Gunst der Stunde nutzen!«

»Geli, die werden dich wie ausgehungerte Hyänen jagen! Und wenn du nur einen einzigen Zeh vor die Tür setzt, sie finden dich sofort!« Werner Knauf wird allmählich schrill. »Wenn keiner weiß, wo du bist, sind wir sicherer! Geli, wir können das Risiko nicht eingehen, dass dir erneut die Hand ausrutscht, das wäre ein Desaster. Bitte, Geli«, fleht Werner Knauf. »Bitte!«

Der Kanzlerin schwant, ihr Pressesprecher könnte Recht haben. Vielleicht ist die Idee gar nicht so schlecht, einfach für ein paar Tage die Amtsgeschäfte ruhen zu lassen. So wie damals, als sie sich das Becken beim Langlaufen gebrochen hat und ein paar ruhige Tage zuhause auf dem Sofa verbrachte.

»Okay Werner, du hast gewonnen. Ich habe

eine Idee: Sag den Leuten einfach, ich sei erneut beim Langlaufen gestürzt und müsse jetzt viel liegen, ich könne nicht das Haus verlassen. Muss ja keiner wissen, dass ich nicht in meinem eigenen Haus bin, sondern woanders, wo mich eben niemand vermutet.«

»Geli, es ist Juni, da kann man nicht Langlauf fahren.«

»Ach so. Richtig.«

»Ich kann ja sagen, du habest einen Bandscheibenvorfall gehabt, du seist so blöd daheim die Treppe runtergestürzt, dass es dir jetzt ordentlich im Rücken schmerzt.«

»Ich habe daheim keine Treppen, ist eine Etagenwohnung.«

»Ah stimmt. Dann sag ich, du seist die Haushaltsleiter runtergefallen.«

»Hab ich so etwas zuhause?«

»Ich denke schon, oder? Mir ist klar, dass du nicht selber die Fenster putzt und das Ding regelmäßig benützt. Selbst wenn du keine hast, ab jetzt hast du daheim eine fiktive Haushaltsleiter.«

»Na gut, Werner. Ich bin also mit einem Bandscheibenvorfall zuhause auf dem Sofa, ich darf nicht raus und kann so keinen Ohrfeigenschaden anrichten. Ich hab's kapiert.«

Angelika Mörkel sieht mit leerem Blick aus dem Fenster. Sie lehnt sich zurück und lässt ihren Gedanken freien Lauf. Die Bundestagswahl damals in 2005, dieser Tag war und würde immer der schönste in ihrem Leben sein. Eine neue Ära war mit ihrem Wahlsieg angebrochen, sie spürte es damals genau. Auch bei der zweiten Wahl. Ihre Wiederwahl konnten ihre Kritiker diesmal nicht als Missgeschick der deutschen Nachkriegsgeschichte bezeichnen. Die Wähler wollten, dass sie bleibt, sie hatte ihr

Vertrauen gewonnen. Sie wollte alles noch besser machen. »Angelika Mörkel, eine Kanzlerin für die Menschen« wollte sie sein. Bodenständig bleiben, nicht den machohaften Basta-jetzt-rede-ich-Führungsstil ihres Vorgängers fortsetzen. Sie wollte anders sein.

Scheiße noch mal, denkt Angelika Mörkel. *Es droht alles auseinanderzufallen. Das kann kein Zufall sein: Irgendein Schweizer Käsefresser will es mir heimzahlen. Weil ich angeblich ihr heiliges Bankgeheimnis vergiftet habe! Höchste Zeit, dass denen mal einer auf die Finger haute. Das kam gut an beim Wähler. Jetzt versuchen sie mir eins auszuwischen. Mich mit dem Strick zu erdrosseln, den ich ihnen geknüpft habe. Wer auch immer mir hier ans Bein pinkelt, ich werde ihn oder sie finden.*

Der Audi wird langsamer, schließlich kommt er ganz zum Stehen. Sie parken vor einem fünfstöckigen Haus. Die Straße ist wie leergefegt, kaum ein Mensch ist bei diesem Regen und um diese Zeit unterwegs.

»Wo sind wir?«, fragt die Kanzlerin.

»In Kreuzberg, Urbanstraße 38.«

Sie parken vor einem stuckverzierten Haus. Der hellgraue Verputz blättert an ein paar Stellen von der Hauswand. Die Balkone sehen ein bisschen so aus, als drohten sie jeden Augenblick mit lautem Gepolter herabzustürzen. Schmierereien zieren die Fassade. »Nieder mit dem Kapitalismus« hat jemand unter das Fensterbrett der Wohnung im Parterre gesprüht. Bei dem Schriftzug hat der Autor wenig Geschick bewiesen. Die Sprühfarbe wurde zu dick aufgetragen, sie fließt in Fäden die Wand hinab.

»Warum halten wir gerade hier?«

»Hier wohnt mein Sohn. Im dritten Stock in einer WG. Da kannst du unbemerkt für die paar Tage

33

untertauchen. Kein Mensch wird dich in einer versifften Berliner Studenten-Butze vermuten.«

Die Kanzlerin reißt den Kopf zu Seite. »Eine WG? Mit deinem Sohn?« Entsetzt schaut sie ihren Pressesprecher an. »Du spinnst wohl! Was wird Johannes sagen?« *In diesem Haus sollen ich, die Kanzlerin der Bundesrepublik Deutschland, und mein Göttergatte ein paar Tage Versteck spielen? Das ist beschämend,* denkt sie und lässt einen tiefen Seufzer los.

»Johannes wird nicht kommen.«

»Warum nicht???«

»Ihr beide seid zu auffällig. Alleine kann ich dich verstecken – aber zusammen? Keine Chance. Außerdem muss er allen erzählen, du liegest zuhause auf dem Sofa mit Bandscheibenvorfall. Er darf ja auf Journalisten treffen, er hat seine Hand im Griff ...«

Ein bitterböser Blick folgt auf diesen Kommentar. Angelika Mörkel ist *»not amused«,* würden die Briten sagen.

»Wohngemeinschaft – das Wort sagt doch schon alles. Es ist synonym für dreckig, Schimmel im Kühlschrank, Klodeckel oben. Ich kann mich an meine Studentenzeit allzu gut erinnern. Die Nackenhaare stellen sich mir bei diesem Gedanken auf.« *Dann wiederum sind WGs irgendwie ganz cool. Man sitzt zusammen, raucht eine Tüte, redet über Politik (Jippie!) und über die Rucksackreise nach Vietnam. Warum eigentlich nicht in eine WG abtauchen?*

»Wie alt ist dein Sohn?«

»Mark ist 22. Er studiert Geschichte und irgendwas mit Sprachen. Frag mich nicht. Ich zahl nur die Studiengebühr und die Miete, den Rest verdient er sich als Kellner. Er wohnt, soviel ich weiß, zusammen mit einem Kumpel und noch irgendjemandem. Keine Ahnung. Du weißt ja, wie das ist, wenn man seinen Kindern zu viele Fragen stellt, das nervt sie, und du bekommst nur halbe Antworten.«

Nein, Angelika Mörkel weiß nicht, wie es ist, mit einem patzigen Jugendlichen klarkommen zu müssen. Sie gehört zu den Menschen, denen Kinder erspart geblieben sind. Sie ist viel lieber die fürsorgliche Mutti eines weißen Perserkaters: Der nörgelt und weint nicht und macht immer treffsicher in sein Katzenklo. Außerdem schläft er fast den ganzen Tag – das perfekte, unkomplizierte Haustier! Konrad hat sie ihn getauft, weil er irgendwie Ähnlichkeit mit dem alten Adenauer hat. Irgendwie die Augenpartie. Das ist ganz klar ein Katerchen Konrad, dachte Angelika Mörkel, als sie ihn im Tierheim erblickte. Der bekommt von mir 'ne Amtszeit!

»Und? Links oder ganz links?« Die Kanzlerin muss ein bisschen grinsen bei dieser Frage.

»Ähm, tja, weiß ich nicht genau, wir haben lange nicht mehr gesprochen. Ich glaube, er ist in so einem linken Studentenbund … Frag mich nicht.«

Werner Knauf ist auf die Schnelle nichts Besseres eingefallen, als Angelika Mörkel zu seinem Sohn zu bringen. Zu ihm nach Hause geht nicht – die Kanzlerin mag keine Hunde. Es musste schnell gehen heute, also musste Mark aushelfen. Es erforderte einige Überredungskünste, doch am Ende stimmte er zu: Mark versteckt die Mörkel in seiner Siff-WG, dafür bekommt der Junge vom Papa sechs Monatsmieten extra Taschengeld. *Ein guter Plan*, denkt sich Werner Knauf. *Das Kind muss echt klamm sein. Es gab schon andere Tage, als die ich-hab-meine-Prinzipien-Messlatte viel höher hing. Ja, dieses Versteck ist die beste Lösung*, redet sich

Werner Knauf gut zu. In jedem Hotel hätte man die Mörkel erkannt, in jeder Ferienwohnung hätten die Nachbarn es mitbekommen, wenn sie mal raus zum Einkaufen geht. Auch ins Ausland reisen und dort für eine Weile untertauchen – zu groß die Gefahr, irgendwo erkannt zu werden und dass jemand alles der Presse ausplaudert. Aber hier in Berlin, da ist der Weg nicht weit, das Versteck aber umso besser. Mark würde die Einkäufe erledigen, sich um alles kümmern, Papa muss nur ein kleines Schweigegeld überweisen.

»Geli, bevor wir reingehen, ich bitte dich: Halte still für ein paar Tage, geh nicht raus, setz noch nicht einmal einen Fuß in den Hausflur! Stell dir mal vor, jemand sieht dich und ruft die Boulevardpresse an! Oh mein Gott, das wäre die Oberkatastrophe! Mark wird für dich einkaufen, es wird dir an nichts fehlen. Okay?«

Die Kanzlerin zuckt kurz mit den Schultern, blickt ihn müde an. Dann nimmt sie ihren Schal und wickelt ihn sich um den Kopf, damit keiner sie erkennen kann. Eine dürftige Tarnung, aber besser als nichts. Sie nimmt ihre Handtasche, vergewissert sich, dass die Luft rein ist und steigt aus dem Wagen. Werner Knauf kommt mit ihrem Koffer keuchend hinterher. Sie klingeln. Nach einer halben Ewigkeit (beide drehen sich immer wieder um, vergewissern sich, dass sie auch wirklich nicht gesehen werden) geht die Haustür mit einem leisen Summen auf.

Das ist ein Witz, denkt sich Angelika Mörkel, als sie in den Hausflur tritt. Da hat tatsächlich jemand »Nieder mit den Kapitalistenarschkriechern, nieder mit Mörkel« über die Briefkästen gesprayt. *Na dann mal gute Nacht.*

Angelika Mörkel hat sich nie als Handlanger der deutschen Unternehmerschaft gesehen. Sie ist die

Kanzlerin der Menschen, die Mutter der Nation. Sie ist zwar konservativ, aber oft denkt sie auch sozialdemokratisch. Sogar grün kann sie manchmal sein! Eine Solaranlage hat sie sich vergangenen Sommer auf das Dach ihrer Datscha montieren lassen. Sind diese Leute denn blind? Die Zeitungen berichteten darüber. Wenn das nicht grün ist, was dann?

Die Kanzlerin steigt die Treppe rauf, ihr Sprecher mit dem Koffer hinterher. Das Licht schalten sie lieber nicht an. Nur Werner Knaufs Schnaufen ist zu hören. Mörkels Haushälterin hat den Koffer gepackt und ihn ins Kanzleramt bringen lassen. Man sagte ihr, ihre Chefin müsse kurzfristig auf Staatsbesuch gehen, alles müsse aber in nur einen Koffer passen. Da wurde wohl ordentlich gequetscht.

»Lass mich vorgehen, Geli.« Werner Knauf schiebt sich an Angelika Mörkel vorbei die letzten Stufen hoch. Seine Lunge fängt an zu pfeifen. Solange niemand im Treppenhaus zusieht, wer da die Stufen hochkommt – ihm soll's egal sein.

Mark hat die Tür zu seiner Wohnung nur angelehnt. *Was habe ich erwartet? Eine herzliche Umarmung und vielleicht sogar einen Kuss auf die Wange?*, fragt sich Werner Knauf. *Natürlich nicht.* Vater und Sohn haben lange keine Herzlichkeiten mehr ausgetauscht – geschweige denn ein freundliches Wort miteinander gesprochen. Zuletzt wahrscheinlich vor der Pubertät.

Werner Knauf schiebt seine Chefin in den Wohnungsflur und macht schnell die Tür zu. *Niemand hat uns gesehen.* Ihm fällt ein Stein vom Herzen. Die Kanzlerin sucht im Dunkeln nach dem Lichtschalter. Licht anzumachen, auch das hat Mark nicht für nötig gehalten.

Marks Wohnung ist eine typische Berliner WG. Altbau, hohe Decken mit Stuck, im Flur liegen überall Schuhe rum, das Bad ist ungeputzt und mit leeren Zahnpastatuben übersät. Klopapier ist Mangelware, dafür quillt der Mülleimer in der Küche über. Kommt man zur Haustür rein und biegt rechts ab, geht's in die Küche, in der Mitte ein Tisch. Links geht's ins Wohnzimmer. Dort sitzt Mark auf einem Sofa. Er raucht eine Zigarette und schaut fern. Herta BSC spielt gegen den HSV, es steht 1:2.

»Mark?« Werner Knauf streckt den Kopf ins Wohnzimmer. »Ach, da bist du ja! Hallo.«

Mark antwortet nicht und schaut auch nicht vom Fernseher auf. Werner Knauf zögert einen Moment, stellt dann den Koffer ab. Er reibt sich die roten Schwielen an den Händen.

»Danke, dass du uns aushilfst, Mark. Wie geht's dir?«

»Gut.« Mark zieht gelangweilt an seiner Zigarette. Seine Besucher schauen sich kurz an, Werner Knauf zieht entschuldigend die Schultern hoch.

»Wie lange bleibt sie?« Nun dreht Mark sich um und schaut die beiden an, wie sie da im Türrahmen stehen. *Ein jämmerliches Bild geben die zwei da ab*, denkt er sich. *Was ist schlimmer? Mein Arsch-kriechen-ich-bin-nah-dran-an-der-Macht-Vater oder das Basset-Hound-Gesicht der Kanzlerin in einen Schal gewickelt?* Sollte ihn jemand nach seinem Feindbild fragen, dann würde er genau dieses Motiv auf die Dart-Scheibe pinnen. *Denk an die Kohle, Alter. Ist ja nicht für lange.*

»Ihr Zimmer ist den Flur runter links.« Mark dreht sich zurück zum Fernseher. Angelika Mörkel und Werner Knauf schauen sich ratlos an. Sie sind nun sich selbst überlassen.

Das Gästezimmer ist nicht viel größer als ein Hundezwinger, deswegen hat jemand eine zweite Decke aus Holz eingebaut, auf der eine Matratze liegt. Ein Hochbett sozusagen. *Die Leiter kann ja heiter werden*, denkt sich Angelika Mörkel, *vielleicht komme ich doch zu meinem Bandscheibenvorfall*.

Links hinter der Tür unter der Leiter steht ein verratztes Schlafsofa, das wahrlich schon bessere Tage gesehen hat. Rechts in der Ecke nimmt ein mit Blumen buntbemalter Schrank viel Platz weg. Ein kleiner Spiegel mit Goldrand hängt an der Wand, Bilder gibt es keine. Das Fenster sieht aus, als wurde es zuletzt vor ein paar Jahren geputzt.

»Das ist nicht dein Ernst.« Die Kanzlerin stemmt beide Arme in die Seite und schaut kopfschüttelnd im Zimmer umher.

»Es geht jetzt nicht anders, Geli. Es ist doch nur für ein paar Tage, dann kannst du wieder zurück in deine Wohnung, zurück ins Kanzleramt. Wir feiern wie geplant deinen Geburtstag, du triffst dich wie ausgemacht mit Theresa March – so als wäre nie etwas gewesen.«

»Da fällt mir ein, sie will bei ihrem Besuch mal eine echte Currywurst mit Pommes essen. Darum hat sie mich gebeten, als ich im April in London war. Können wir das irgendwie einplanen?«

»Ähm, Currywurst? Ich weiß nicht. Ich hatte an ein Essen im *Borchard's* gedacht, mit etwas mehr Niveau, weißt du. So eine Currywurstbude, da stehen doch versiffte Junkies und Leergutsammler rum, das kann man doch nicht der Premierministerin zumuten.«

»Sie hatte mich drum gebeten, also organisier bitte einen Stopp dort. Vielleicht bei Konnopke in Prenzlauer Berg? Wenn Theresa eine Currywurst will, dann kriegt sie eine, verstanden?« *Manchmal vergisst du, lieber Werner, wer hier das Sagen hat.*

»Alles klar, okay. Ich meinte ja nur.« Werner Knauf schiebt Mörkels Koffer in die Zimmerecke. »Brauchst du noch was?«

»Ja, mein Handy.«

Werner Knauf seufzt und fährt sich durch die Haare. »Geli, versteh doch, das ist keine gute Idee. Das kann man lokalisieren, da können diverse Mobilfunkunternehmen und Geheimdienste mithören und -lesen. Du wirst zwar offiziell nicht abgehört, aber man kann ja nie wissen. Mit wem willst du denn überhaupt telefonieren?«

»Mit Johannes zum Beispiel.«

Johannes. Wann haben die beiden das letzte Mal telefoniert und nicht nur darüber gesprochen, wann wer wie Termine hat und dass es heute wieder mal später werden würde? Wann haben die beiden zuletzt etwas Liebes zueinander gesagt? Dass Johannes sich auf sie freut, wenn sie nach Hause kommt? Es fällt ihr nicht ein. Johannes ist eigentlich ein guter Kanzler-Ehemann, er geht jeden Tag zur Arbeit und überlässt seiner Frau die weltpolitische Bühne. Manchmal geht er mit zu Empfängen, schick im Anzug, die Haare gekämmt. Eine gut gestylte Ehe könnte man das nennen. Jeder lebt parallel vor sich hin und lässt den anderen in Ruhe. Angelika Mörkel seufzt. Ihre Eltern haben das genauso gemacht, Jahrzehnte lang. Früher hat sie sich geschworen, niemals mit Johannes diesen gravierenden Fehler zu begehen: ihre Liebe einrosten zu lassen. Und ohne, dass sie es gemerkt haben, ist es doch passiert. Sie haben sich irgendwie entfremdet.

»Du, ich geh jetzt. Ich melde mich bei dir.« Werner Knauf ist müde und will so schnell es geht nach Hause. »Bitte versuch nicht, mich zu erreichen. Wenn was ist, dann lass Mark bei mir anrufen, okay?

Da wird niemand stutzig.«

Die Kanzlerin nickt. Wie sie so in diesem WG-Zimmer steht, überkommt sie plötzlich das Gefühl, gescheitert zu sein. Werner Knauf tritt ungeduldig von einem Fuß auf den anderen, er knetet sich die Hände. Er spürt ihre Ablehnung, aber ein besseres Versteck gibt es im Moment nicht.

»Ich lass dich jetzt allein.« Werner Knauf will kurz noch mit Mark sprechen, bevor er geht. »Mach's gut, ich melde mich wie gesagt.«

Er geht zurück ins Wohnzimmer. »Mark?« Es steht mittlerweile 1:3. Mit jedem Tor, das der HSV schießt, wird Marks Miene grimmiger. Er gibt keine Antwort. »Ich habe dir die 500 Euro für Einkäufe überwiesen. Wenn du mehr brauchst, gib mir Bescheid. Bitte schau danach, dass sie das Haus nicht verlässt, dass die Nachbarn nichts merken. Und bitte sorge auch dafür, dass dein Mitbewohner nicht spitzbekommt, wer hier vorübergehend in dem kleinen Zimmer wohnt. Sollte er aus irgendeinem Grund doch merken, wer da zu Besuch ist, dann lass ihn bitte hoch und heilig versprechen, nichts auszuplappern! Sonst ... na du weißt schon. Ne, ganz ehrlich, niemand darf mitbekommen, dass Frau Mörkel hier ist. Niemand! Kann ich mich auf dich verlassen?« Werner Knauf stellt sich vor dem Fernseher auf, die Arme in die Seiten gestemmt. Das hat er schon so gemacht, als Mark noch bei ihm und Sabine wohnte und er einfach nicht zuhören wollte. Mark hat immer erst reagiert, wenn jemand das Fernsehbild versperrt hat. Er war damals in so einer Phase, wo er nie antwortete, wenn man ihn etwas fragte. Er hat seinen Vater einmal sogar vor Wut zur Seite gestoßen. »Geh weg«, schrie er ihn an. »Lass mich in Ruhe! Mach du deinen Politik-Scheiß!« Sie sprachen danach tagelang nicht miteinander.

Genaugenommen hat sich seitdem nicht viel verändert. Mark war an seinem 18. Geburtstag zuhause ausgezogen. Sie telefonieren kaum, und auch an Weihnachten kommt er nicht zu Besuch. Sabine nimmt das immer sehr mit, sie weint manchmal deswegen. Ihre Therapeutin hat ihr schon vor Jahren gesagt, sie müsse lernen loszulassen. Das Kind werde schon von selber wiederkommen, man müsse nur abwarten, dem Jungen Zeit und seine Freiheit lassen. Es vergeht kein Tag, an dem Sabine nicht darüber nachdenkt, wann diese Zeit gekommen ist.

»In ein paar Tagen hole ich sie wieder ab. Das dauert nicht lange.«

»Lad deine Probleme hier ab, aber nicht länger als eine Woche, verstanden?« Mark steht auf und macht einen Schritt auf seinen Vater zu. Werner Knauf weicht zurück. Mark macht das Fenster auf und setzt sich wieder. Der HSV schießt just in dem Moment ein viertes Tor.

»Scheiße noch mal! So 'ne Kacke! Können die da vorne nicht mal dichtmachen?«

»Ich kann dir Herta-Karten besorgen, wenn du willst.«

Mark schüttelt abfällig den Kopf. »Geld, Geschenke und wieder Geld. Was anderes ist dir nie eingefallen.«

Mark hat immer alles bekommen, was er wollte. Mit 14 einen eigenen Fernseher, im nächsten Jahr eine Playstation. Mit 16 sogar eine Vespa, damit er nicht mehr mit der U-Bahn fahren musste. Mit 18 kaufte Werner Knauf seinem Sohn ein Auto und unterschrieb den Mietvertrag. Seitdem haben sie sich selten gesehen. Zufällig einmal auf einer Demonstration vor dem Kanzleramt. Atomgegner hatten von der Regierung die Abschaltung eines

42

Meilers gefordert. Werner Knauf war mit seinem Dienstwagen vor das Eingangstor gefahren, wollte hinein, als die Demonstranten seinen Wagen entdeckten und ihn blockierten. Sie schmissen rohe Eier und faule Tomaten auf das Auto, das Sicherheitspersonal musste eingreifen. Einer der Demonstranten damals war Mark. Als er seinen Vater in seiner protzigen Limousine sah, drehte er sich einfach um und ging weg.

»Also tschüss dann, bis bald.«

»Tschüss.«

Werner Knauf kann es kaum erwarten, endlich nach Hause fahren zu dürfen.

5 Da traut sich jemand raus

In einem mini-kleinen WG-Zimmer in Kreuzberg. Es ist kurz nach 22 Uhr.

Angelika Mörkel sieht sich ratlos um. Hier soll sie also ein paar Tage ausharren, in diesen armseligen vier Wänden? *Naja, mach' ich das Beste draus,* denkt sie sich und öffnet ihren Koffer. *Wo hab ich meinen Kulturbeutel? Ach da, da ist er ja.* Sie nimmt die kleine Tasche und macht sich auf, das Bad zu suchen. Sie huscht auf Zehenspitzen über den Flur, hat Werner Knauf sie doch mehrmals darauf hingewiesen, dass es keine gute Idee wäre, den anderen WG-Bewohnern über den Weg zu laufen. Mark hat die Anweisung bekommen, den anderen zu sagen, dass der Besuch ungestört bleiben wolle, dass man auf keinen Fall an die Tür klopfen solle, um sich vorzustellen. Das Mädchen − so hat Mark den Besuch lediglich beschrieben − müsse sich auf ein wichtiges Vorstellungsgespräch für ein Praktikum vorbereiten. Werner Knauf wiederum hat Angelika Mörkel immer wieder versprechen lassen, ihr Zimmer abzuschließen, damit nicht mal jemand uneingeladen hereinschneit.

Das Bad ist ganz am Ende des Flurs. Angelika Mörkel hat schon ein fröhlicheres Gesicht im Spiegel gesehen als heute. Sie hat dunkle Ringe unter den Augen − wahrlich kein schöner Anblick. *Heute gönne ich mir erst einmal eine ordentliche Portion Schlaf. Aber halt, ich muss doch noch was essen, mir knurrt ja schon richtig der Magen!* Sie stellt ihren Kulturbeutel ab, wäscht sich das Gesicht und streckt den Kopf aus der Tür, um sich zu vergewissern, dass die Luft rein ist. Dann schleicht sie Richtung Wohnzimmer, wo immer noch das Fußballspiel läuft.

»Mark, darf ich dich kurz stören?«

»Was is'n?«, murrt er fast ungehört.

»Ich habe riesigen Hunger. Würde es dir etwas ausmachen, mir bitte eine Pizza oder so zu bestellen?«

»Unten am Eck gibt's 'nen Dönerladen, das geht schneller.«

»Döner, ach herrje. Das ist so im Brot ...?«

»Ja, das ist so im Brot«, knurrt Mark abfällig. »Ist ein deutsches Nationalgericht.«

Na, ob das schmeckt ... »Ok, dann nehme ich einen Döner. Bestellst du mir bitte einen?«

»Geht klar.«

Angelika Mörkel geht zurück in ihr Zimmer, um auf ihr Essen zu warten. Mark greift zu seinem Handy und wählt die Nummer der Dönerbude um die Ecke.

»Ich hätte gerne zwei Döner, mit allem. Einen davon bitte extra scharf.«

Nach zehn Minuten klingelt es an der Haustür. Mark macht auf, zahlt und wartet ab, bis der Lieferjunge wieder verschwunden ist.

»Frau Mö...« *Halt, das ist keine gute Idee, den Namen so laut zu rufen.* Mark geht den Flur entlang und klopft an Angelika Mörkels Tür.

»Ihr Essen ist da.«

Die Kanzlerin reißt die Tür auf. Mark gibt ihr den mit x markierten Döner.

»Ah perfekt! Hab ich 'nen Hunger. Essen wir zusammen?«

What the f...? Darauf hat Mark nun wirklich kein Bock.

»Bitte, ich esse nicht gerne allein«, versucht Angelika Mörkel ihn zu überreden. »Ich vermeide es, wenn es irgendwie geht. Wir können doch das Spiel dabei ansehen.«

Was mir hier abverlangt wird, denkt sich Mark, dreht sich einfach um und macht sich wortlos auf zurück ins Wohnzimmer. Angelika Mörkel ignoriert seine Unhöflichkeit und folgt ihm im Entenmarsch ins Wohnzimmer, setzt sich aufs Sofa und wartet ab, wie Mark seinen Döner auspackt. Dann macht sie sich an ihre Mahlzeit. *Sieht gar nicht so schlecht aus, ein bisschen wie Gyros.* Sie beißt herzhaft hinein. Nach nur zwei Bissen ist es, als könne sie Feuer spucken. Die Tränen und die Nase laufen Angelika Mörkel, sie schnieft wie ein Nasenbär. Mark huscht ein kurzes Grinsen übers Gesicht, Schadenfreude ist sooo schön.

Während die beiden mehr oder weniger stillschweigend nebeneinander essen – man hört nur ein leises Keuchen der Kanzlerin –, dreht sich plötzlich ein Schlüssel im Haustürschloss.

Oh nein! Mark bekommt Panik. *Tobi kommt nach Hause!!!! Oder ist es Mimmy??? Tobi kommt doch normalerweise erst viel später heim! Und Mimmy ruft vorher an, wenn sie von zuhause losfährt. Was nun??? Die können unmöglich die Mörkel hier auf'm Sofa sitzen sehen!!!* Mark rennt zur Tür, um entweder Tobi oder Mimmy abzufangen. Es ist Tobi, der die Tür aufmacht.

»Grüß dich, was machst du denn schon hier?«, ruft Mark seinem Mitbewohner überzogen fröhlich entgegen.

»Äh, seit wann werde ich denn von dir an der Tür empfangen?« Tobi wird misstrauisch. Mark ist sonst nicht so hektisch und nervös. Das ist gar nicht seine Art.

»Naja, ich dachte, du brauchst vielleicht Hilfe mit deiner Tasche.«

»Mit meiner Tasche? Was geht denn mit dir, Alter? Ich hatte einen Platten und dann kein Bock mehr, bin umgedreht. Hab mir einen blöden Nagel reingefahren, so 'ne Kacke.«

Tobi schiebt sich an Mark vorbei in den Hausflur. *Oh Gott, wenn er jetzt ins Wohnzimmer abbiegt, dann habe ich ein Problem! Das fängt ja gut an.* Mark schnappt Tobis Ärmel und schiebt ihn vor sich her in die Küche. »Du, ich muss was mit dir besprechen. Was sollen wir morgen einkaufen? Komm mal kurz mit zum Kühlschrank.« Hinter Tobis Rücken wedelt Mark hektisch mit der Hand, in der Hoffnung, die Kanzlerin blickt's und macht eine Sause in ihr Zimmer.

»Seit wann machen wir denn Kühlschrank-Bestandsaufnahmen?«, hört Angelika Mörkel Tobi in der Küche motzen, während sie mit ihrem vor Soße triefenden Döner in der Hand in ihr Zimmer eilt. »Kauf doch ein, was du Bock hast. Alter, ist mit dir alles okay heute?«

Nichts ist okay heute, aber das muss Tobi ja nicht wissen. Nachdem sie kurz über den Kühlschrankinhalt gesprochen haben, erinnert Mark Tobi noch einmal daran, dass der Besuch nun da sei, er ihn aber doch bitte wie abgemacht in Ruhe lassen solle.

»Wer ist das denn?« Tobi ist neugierig. »Ist ja schon komisch, wenn man nicht mal kurz Hallo sagen darf.«

»Die Tochter von Freunden meiner Eltern, die hier in Berlin ein Praktikum machen will. Sie ist total schüchtern und will nicht gestört werden. Sie muss sich sehr gut auf ihre Vorstellungsgespräche vorbereiten und braucht deshalb viel Ruhe. Also versprich mir, nicht zu klopfen oder sonst irgendwie zu stören, okay???? Versprichst du mir das?«

»Klar, Alter, kann ich machen. Machst ja ein riesen Drama drum, als wäre sie der höchste Staatsbesuch.«

Mark muss schlucken.

»Entspann dich. Siehst ziemlich gestresst aus. Komm, wir trinken ein Bier.« Tobi klopft seinem Freund fürsorglich auf die Schulter. *Irgendwas hat der Alte heute*, denkt er sich. Vielleicht ist was mit Mimmy, da ist ja öfter mal Krise.

Angelika Mörkel lässt ihre Tür einen Spalt breit offen und hört den Jungs zu, wie sie ihre Kronkorken ploppen lassen und anfangen, über Gott und die Welt zu quatschen. *Diese Freiheit, einfach so ungezwungen mit einem guten Freund ein Bier trinken zu können, jung zu sein und ohne große Verantwortung – diese Freiheit habe ich vor langer Zeit hergegeben.* Sie schließt traurig ihre Tür.

6 Quietschende Reifen

Zur gleichen Zeit auf einem Parkplatz vor einem Strandbad am Müggelsee, nicht weit von Berlin. Dort steht ein alter Golf GTI mit verdunkelten Scheiben, Spoiler hintendran, so richtig schön prollig. Eine blonde Frau mit knappem Rock nähert sich dem Fahrzeug, jemand lässt die Scheibe herunter.

»Da bist du ja, meine Süße!«

»Weißt du, isch 'abe viel zu tun, mein Schatzi«, sagt die Frau nuschelnd mit französischem Akzent. »War viel los 'eute im Studio.« Sie setzt sich auf den Beifahrersitz und macht die Tür zu, keiner kann die beiden mehr von der Straße aus sehen. Es ist sowieso bald komplett dunkel.

»Ich musste 'eute für Mutti alles alleine saubermachen. Sie 'ätte auch mal jemand anderes fragen können. Immer isch muss putze, putze. Keine Lust mehr dafür!«

»Keine Lust mehr darauf, heißt das.« Johannes Mörkel ertappt sich immer wieder, wie er Paulinchen verbessert. Dabei will er gar nicht so lehrerhaft rüberkommen. »Entschuldige, ich wollte dich nicht unterbrechen«, sagt er daher auch. »Kann Jenny denn nicht mal jemand anderes saubermachen lassen? Kann sie keine Putzfrau anstellen?«, fragt er mitfühlend.

»Das sag isch doch, immer muss isch.« Paulinchen – Freunde und Johannes nennen sie auch »Nuschi« – zieht eine Schnute, senkt den Kopf und sieht Johannes wie ein treuherziger Hund mit großen Augen an. Das mag er, so beginnt meistens ihr

49

Liebesspiel, und so ist es auch heute. Die beiden küssen und streicheln sich, erst über die Arme, dann die Backe.

»Bist ein bisschen stopplig heute«, flüstert Johannes Mörkel Paulinchen ins Ohr, während er seine Nase in ihren Haaren vergräbt.

»'Atte 'eute keine Zeit zu rasieren«, zischt diese etwas pikiert. Dann schiebt sie Johannes von sich weg und fährt ihn an: »Isch mag diese Geheimnistuerei nicht mehr. Misch kotzt das an, sitzen wir 'ier wie Volldeppen in einem Auto, gibt es keinen schöneren Ort?« Paulinchen ist sauer. Sie zieht ruckartig an ihrer Perücke, und kurze graumelierte Haare kommen zum Vorschein. Paulinchen ist jetzt Paul, Paul aus Brest in der Bretagne.

»Isch will endlich, dass du zu mir stehst, *m'as-tu compris*? Isch möschte nischt länger Verschteck spielen.«

»Aber hör doch, meine Süße, ich kann nicht anders. Warte, bis Geli ihre Amtszeit beendet hat – aber jetzt? Das geht nicht. Das kann ich ihr nicht antun. Und dann ist da jetzt auch diese eklige Steuersünden-Hetzkampagne gegen sie. Du hast sicherlich davon gehört. Das ist ein riesen Ding, für uns beide. Weißt du, Angelika ist ein guter Mensch, mir immer ein guter Freund und Partner gewesen. Sie kann nichts dafür, dass ich so geworden bin. Ich schulde ihr das. Mehr kann ich nicht sagen.« *Seufz. Ich liebe diesen Mann. Ich hoffe, er macht das hier noch lange mit.*

»Isch mach das nischt mehr lange mit!« Paul reißt sauer die Fahrzeugtür auf und steigt aus. Er stellt sich vor das Auto, reißt sich die Bluse auf (die Knöpfe fliegen im hohen Bogen davon und ein roter BH kommt zum Vorschein) und ruft ganz laut,

50

während er wütend Johannes Mörkel fixiert: »Meine Damen und Herren, isch habe eine Affäre mit dem *First Husband*! Bumsdiwums, isch und Johannes Mörkel, *oh, là, là*! Ja isch, die Nuschi aus Brescht.«

»Um Gottes Willen, komm zurück ins Auto! Bist du des Wahnsinns????« Johannes Mörkel zieht Paulinchen ins Auto, macht den Motor an und fährt mit quietschenden Reifen davon. Staubwolken wirbeln durch die Luft.

7 Unerwarteter Besuch

Am nächsten Morgen, es ist Samstag, in einem Dorf bei Templin. Hermine Kösser hat sich eben die Haare gewaschen und dreht diese nun auf Wickler auf. In einer Stunde will sie zum Sommerfest ihrer Kirche gehen. Es klingelt an der Haustüre. Sie hat keine Ahnung, was gestern in den Nachrichten kam.

»Ach du grüne Neune, wer ist das denn nun?« Hermine Kösser macht das kleine Fenster ihres Badezimmers auf und sieht hinunter in den Hof. »Ja bitte?«

»Guten Tag Frau Kösser, mein Name ist Dorothee Langer, ich bin neu hier in der Gegend und habe gehört, dass Sie Englisch unterrichten, auch Privatstunden geben.« Dorothees Ohrläppchen beginnen zu jucken, das passiert immer, wenn sie lügt. »Ich würde gerne ein paar Stunden bei Ihnen nehmen. Hätten Sie kurz Zeit für mich? Dann kann ich mich Ihnen richtig vorstellen«, ruft Dorothee die Hauswand hoch.

Ach, ist das jetzt unpassend mit den Haaren, denkt sich Hermine Kösser und sieht in den Spiegel. Ein paar Strähnen müssten noch aufgedreht werden. Aber da draußen ein hässlicher Nieselregen fällt, lässt sie die junge Frau nicht warten und geht hinunter, ihr die Tür aufzumachen.

»Bitte entschuldigen Sie meine Haare … Sie kommen so früh am Morgen … Außerdem ist doch heute Samstag … Irgendwie ungünstig.«

»Danke Ihnen sehr, dass Sie sich so früh schon für mich Zeit nehmen, Frau Kösser.« Dorothee schüttelt ihr kräftig die Hand. Hermine Kösser verzieht das Gesicht, so sehr schmerzt der Händedruck. Das hätte sich eine anständige Frau früher nicht erlaubt. Als sie jung war, waren Frauen irgendwie sanfter.

»Möchten Sie eine Tasse Kaffee?« Hermine Kösser reibt sich die Hände. »Ich setz schnell einen auf und mach mir die Haare fertig, und Sie setzen sich derweil gemütlich aufs Sofa. Dann können wir in Ruhe sprechen.«

»Ach, Sie sind so nett, vielen Dank.« Vor lauter Überschwang faltet Dorothee sogar die Hände. Breit grinsend sieht sie Hermine Kösser nach, wie sie die Treppe hochsteigt in Richtung Badezimmer. Kaum ist sie außer Sicht, beginnt Dorothee zu suchen. Sie geht in die Küche. Keiner da. Sie schleicht sich an den Treppenabsatz. Es sind keine Stimmen im oberen Stock zu hören. Frau Kösser scheint alleine zu sein. Dorothee macht die Kellertüre auf und huscht schnell hinunter – auch hier ist niemand. Angelika Mörkel scheint sich hier nicht zu verstecken, aber sicher kann sie erst sein, wenn sie auch oben die Zimmer durchsucht hat.

Dorothee macht sich auf die Suche nach dem Telefon. So ein Mist, denkt sie, das ist so ein altes, wo man auf einem Display nicht sehen kann, wer zuletzt angerufen wurde. Da bleibt nur die Wahlwiederholungstaste. Vielleicht verrät ja der letzte Anruf, wo Angelika Mörkel ist. Sie drückt die Taste. Es klingelt ein paar Mal.

»Sauter?«, fragt eine kratzige Stimme.

»Äh, hallo, meine Name ist Dorothee … äh, Dorothee Schmidt«, stammelt Dorothee. »Ich suche eine Frau … äh … Frau … Rebecca ja genau, Rebecca … was hatten Sie gesagt, ach ja … Sauter.«

»I heuss net Rebecca, I bin d'Marlies!«,

schreit die Stimme im breitesten Schwäbisch am anderen Ende in den Hörer. »I kenn koi Rebecca, da müsse Se sich verwählt habbe.«

»Ach so, ja so ein Mist. Sind Sie nicht Frau Rebecca Sauter in … ach, wie heißt der Ort gleich?«

»Reuschde, in Ammerbuch bei Tibingä. Des isch im Schwabeländle, wenn Sie des kenne.«

»Da war ich schon mal. In Stuttgart«, stammelt Dorothee.

»Sturgard isch a Stück lang d'Autobahn nuff, da geh I aber nie hin, des isch mir zu wild. Die habbe da viel zu viel Verkähr!« Frau Sauter schreit derart laut ins Telefon, dass Dorothee den Hörer vom Ohr weghalten muss. Immerhin weiß sie jetzt, wo diese Marlies Sauter wohnt. Ob sich in diesem besagten Reusten bei Tübingen eine Angelika Mörkel verstecken würde? Unwahrscheinlich, aber dennoch möglich.

»Kennen Sie Hermine Kösser?«

»Ha klaro, d'Hermine kenn I gut! Unsre Männer waret Kollägä, mir sin öfter zsamme in Urlaub, mir vier. Da waret d'Kinder scho groß.« Marlies Sauter erzählt, wie sie und ihr verstorbener Mann die Familie Kösser auf einem Bibelseminar nach dem Mauerfall kennengelernt haben und daraus eine langjährige Freundschaft wurde.

»Apropos Kinder, Frau Kössers Tochter hat nach Ihnen gefragt«, wirft Dorothee ein.

»Was, d'Geli? Die hot nach mir g'fragt? Ha des freit mi aber. Geli isch ä ganz feine Frau, wisset Se. Was die an Maultasche ässe ko!« Das klingt für Dorothee aber so, als wäre »Geli« nicht vor Ort in Reusten im Schwabenland, sonst hätte Frau Sauter doch anders reagiert.

»Sagget Se amole, wieso wisset Se ebbes über d'Geli? Sie hän doch g'sagt, Se habbet sich verwählt.

Woher känne Sie dann die?«

Oje, da wird jemand stutzig!

»Wär sind Se iberhaupt?«, hakt Frau Sauter nach.

»Ich bin Dorothee Langer, äh nein, Dorothee Schmidt. Sie haben Recht, hab mich verwählt, entschuldigen Sie, Frau Sauter. Sie sind nicht Rebecca Sauter, macht nix, ich such weiter im Telefonbuch. Schönen Tag noch.« Dorothee legt schnell auf, das war ein echt komisches Gespräch. Aber zumindest ist sie sich jetzt sicher, dass Angelika Mörkel nicht ins Schwabenland geflüchtet ist.

Frau Kösser kommt die Treppe hinunter, alle Haarsträhnen sind nun aufgedreht. »So, ich bin gleich bei Ihnen, ich bring nur schnell noch den Kaffee.« Das Telefon klingelt, während Hermine Kösser in die Küche geht. Schnell nimmt Dorothee den Hörer ab und legt sofort wieder auf, hat sie doch eine böse Vorahnung, wer da anruft.

»Also ich könnte schwören, das Telefon habe eben geklingelt«, schmunzelt Hermine Kösser, während sie mit einem Tablett in der Hand ins Wohnzimmer zurückkommt. »Ich muss, glaube ich, mal wieder die Batterie meines Hörgerätes auswechseln. Milch und Zucker, oder Sahne, oder lieber schwarz?«

»Ein bisschen Milch bitte, das reicht, danke. Ach, Sie geben sich ja so viel Mühe!«

»Kein Problem, für Schüler – oder angehende Schüler – stehe ich immer zur Verfügung!«

Hermine Kösser unterrichtet seit über fünfzig Jahren: Ob Deutsch oder Englisch, Nähen oder Kochen, Bäume schneiden oder Reifen wechseln – es gibt immer etwas, was man einem anderen Menschen beibringen kann. Das ist ihre Passion, das macht ihr Spaß. Da darf dann auch mal eine Schülerin morgens um halb neun an einem Samstag unangemeldet vor der Tür stehen.

»Wo ist denn Ihre Toilette?«, fragt Dorothee, noch bevor sie ihren Kaffee probiert hat. Verdutzt zeigt Hermine Kösser Richtung Haustüre und Flur. *Sie ist schon irgendwie eine komische Frau*, denkt sie sich, *die ist so zappelig.*

»Direkt neben der Haustür, der Lichtschalter ist außen.«

»Ah, perfekt, ich bin gleich wieder da.« Dorothee steht auf, die Tür zum Wohnzimmer zieht sie hinter sich zu. *Die braucht wohl etwas mehr Privatsphäre*, wundert sich Hermine Kösser und holt ein paar Kekse aus dem Wandschrank. Dorothee wartet noch einen Augenblick, ob ihr die Hausbesitzerin auch ja nicht folgt, und schleicht sich dann leise wie eine Katze die Treppe hinauf. Sie durchsucht jedes Zimmer, sie macht sogar die Kleiderschränke auf und zieht den Duschvorhang zurück. Keine Angelika Mörkel. Es ist auch kein Koffer zu sehen oder ein Waschbeutel oder als habe jemand im Gästezimmer geschlafen. *Hier ist sie nicht*, ist sich Dorothee sicher und schleicht die Treppe wieder hinunter. Sie macht einen Abstecher ins Gästeklo und drückt die Spülung.

»Das hat gutgetan!« Breit grinsend hüpft sie zurück ins Wohnzimmer. »So, wo waren wir? Ach ja …« Dorothee fängt an zu schwafeln, dass sie zugezogen sei und beim Bäcker die Verkäuferin gefragt habe, ob sie nicht jemanden kenne, der Englisch unterrichte, sie brauche es für einen … äh, da kommt sie ins Stocken, ja genau, für einen Sekretärinnen-Job, das sei ganz wichtig, dass man heutzutage gut Englisch könne. Ja und da habe die Verkäuferin sogleich Frau Kösser empfohlen, die sei ja so nett und kompetent, blabla. Sie (Dorothee) müsse halt nur schauen, dass der Unterricht nicht dann stattfinde, wenn der Kindergarten zu habe, es sei ja so schwierig, Beruf und Kind zu vereinbaren, ob Frau Kösser diese Erfahrung auch gemacht habe.

»Ach, bei uns war das kein Problem, unsere Kinder waren immer recht selbstständig.«

»Haben Sie noch viel Kontakt zu Ihrer Tochter?«

»Ja, klar. Warum fragen Sie?« Hermine Kösser kommt die Frage komisch vor.

»Wissen Sie, ich mach mir so sehr Sorgen, dass meine Tochter irgendwann so selbstständig sein wird, dass sie ihre Mama gar nicht mehr braucht, auch nicht mehr anruft. Wann hat ihre denn zuletzt angerufen?«

Also irgendwas ist doch faul hier. Hermine Kösser wird stutzig. *Warum kommt diese junge Frau denn immer wieder auf eine Tochter zu sprechen?* Sie hatte mit keinem Wort erwähnt, dass sie eine Tochter hat, mit »Kinder« kann man auch Söhne meinen.

»Wissen Sie, das wäre mir echt das Allerschlimmste, wenn meine kleine Maus mich später, wenn sie älter ist, nicht mehr anruft und mir sagt, wo sie ist«, legt Dorothee nach.

»Hören Sie, es geht hier nicht um meine Tochter. Es geht um Ihren Unterricht. Wann wollen Sie denn nun Stunden nehmen, lieber vormittags oder um die Mittagszeit?« Hermine Kösser ist langsam genervt. Dorothee ist klar, dass es hier keine Infos mehr raus zu quetschen gibt über das Fräulein Tochter. *So 'ne Kacke*, denkt sie sich, *das war's jetzt.*

»Also, ich muss noch mal genau den Kindergartenplan anschauen, ich würde mich dann noch mal bei Ihnen melden«, sagt sie hastig und steht auf. »Danke für den Kaffee.« Der bleibt unangetastet stehen. Verdutzt über das abrupte Ende ihres Gesprächs nickt Hermine Kösser nur zum Abschied. Hinausbegleiten muss sie Dorothee nicht, die Reporterin des *Observierers* findet den Weg allein hinaus.

8 Hör doch mal ein bisschen mit

In Hamburg im Büro von Robert Merburg. Vor ihm steht ein noch vom Vorabend überquellender Aschenbecher, eine dampfende Tasse daneben.

»Frau Finke, stellen Sie mich bitte durch zu Wim Hettgas, meinem Freund von der Telekom!«, ruft Robert Merburg seiner Sekretärin im Vorzimmer zu. »Wählen Sie die Handynummer.«

Mürrisch geht Frau Finke durch ihr Adressbuch auf dem Computer. Sie musste heute, obwohl ja Samstag ist, ins Büro kommen. El Chefe hat darauf bestanden.

Robert Merburg zündet sich eine Zigarette an, während er wartet. *Da müsste doch was zu machen sein*, denkt er sich, *der Wimmy kann mir bestimmt helfen.*

Der Telefonapparat auf seinem Schreibtisch klingelt, Robert Merburg nimmt ab und zieht einmal kräftig an seiner Zigarette.

»Hettgas?«

»Hallo Wim, hier ist dein alter Freund Robert!«

»Ja was, der Robby!«, grölt es durchs Telefon. »Das ist aber eine Überraschung, wie geht's dir, altes Haus?«

»Mir geht es gut, wie geht es dir?«

»Spitze! Seit vergangener Woche bin ich endlich geschieden! Du kannst dir ja nicht vorstellen, wie gut sich das anfühlt! Die Lisel, du, die war ja so hysterisch am Ende, wollte einfach nicht einsehen, dass wir nach 26 Jahren Ehe lange genug verheiratet waren. Weißt du, was sie dem Richter gesagt hat?«

»Du Wimmy, ich hab's ein bisschen eilig, lass uns später darüber sprechen. Ich brauche deine Hilfe.« *Jetzt ist nicht die Zeit für Smalltalk.* »Ich sag's ganz einfach raus: Ich muss wissen, mit wem und von wo aus die Bundeskanzlerin gestern morgen bis jetzt telefoniert hat. Deshalb rufe ich dich an.«

Es herrscht ein paar Augenblicke Stille.

»Robbyyyy, du bringst mich da echt in so eine Situation ...«

»Nur dieses eine Mal, Wimmylein!« Robert Merburg bettelt regelrecht. »Bitte.«

Es war vor drei Jahren gewesen, als plötzlich unangemeldet zwei Männer in dunklen Anzügen in Wim Hettgas Vorzimmer standen. Sie seien vom amerikanischen Geheimdienst NSA und hätten ein dringendes Anliegen. Die Deutsche Telekom müsse den Amerikanern helfen, das Handy der deutschen Kanzlerin abzuhören.

»We don't take no for an answer«, sagte der Größere der beiden ohne eine Antwort abzuwarten und ohne zu blinzeln. Das Ausspionieren dürfe natürlich auf keinen Fall öffentlich werden, Wim Hettgas dürfe den Lauschangriff niemandem, aber auch wirklich niemandem verraten, außer natürlich den engsten Mitarbeitern, die das Ausspähen technisch umsetzen müssen. Drohmittel der NSA-Agenten waren Fotos von Wim Hettgas, wie er in seinem Lieblingsclub Sprühsahne vom voluminösen Po einer Go-go-Tänzerin ableckt. Die Drohung wirkte hervorragend, stand doch in Wim Hettgas Ehevertrag, dass wenn der Göttergatte untreu sein sollte, seine Frau die Hälfte des Vermögens, *und* die ganze Luxusvilla am Stadtrand bekommen würde. Wir sprechen hier über eine Drei-Millionen-Euro-Villa mit beheiztem Pool, Jacuzzi, Heimkino und Fitnessstudio. Die Klausel, dass im Fall der Fälle das

Haus komplett an Lisel gehe, darauf hatte sie vehement bestanden – als Faustpfand sozusagen, um dem Gatten jegliche Versuchung von vornherein auszutreiben. Doch es treiben, das konnte der alte Wimmy einfach nicht lassen, und so ging er trotzdem seinem Laster nach.

Wie gesagt, die Drohung wirkte sehr gut, und so wies Wim Hettgas zwei seiner engsten Mitarbeiter an, das Handy der Kanzlerin abzuhören. Die NSA hörte fortan mit. Später flog dank Whistleblower Edward Snowden alles auf, die NSA wurde zum Buhmann. Dass die Telekom mit in die Abhöraffäre verwickelt gewesen war, darauf war niemand gekommen. Jedenfalls schwor die NSA hoch und heilig, nie wieder mitzuhören, was die Kanzlerin so zu erzählen hat, doch das war alles nur Schall und Rauch. Natürlich hörten die Amerikaner mithilfe der Telekom munter weiter, und so war es theoretisch ein Leichtes, dem alten Kumpel Robert Merburg Mörkels Verbindungsdaten sowie Mitschnitte ihrer Unterhaltungen zukommen zu lassen. Problem war nur: Was wenn die NSA spitzbekommt, dass der *Observierer* plötzlich auch mithört? *Dann bin ich in trouble,* denkt sich Wim Hettgas.

»Hör zu, Wim, die Kanzlerin ist abgetaucht, seit wir erstmals berichtet haben, dass sie Steuern hinterzogen hat. Meine Leute müssen sie finden und zur Rede stellen, wir brauchen dieses eine Foto, wo sie wie ein gehetztes Tier dreinschaut, wir müssen die ersten sein, die sie finden – meine Güte Wimmy, denk an die Auflage!« Robert Merburgs Stimme wird immer schriller. »Du hast dann mega was gut bei mir!!!«

Wenn Robert etwas will, wird Wim Hettgas gegenüber seinem alten Freund jedes Mal schwach. Das war im ersten Semester, das ist heute noch so.

Dem Robby kann man einfach nichts ausschlagen.

»Ich schau mal, was ich machen kann.«

Er erzählt seinem alten Freund, wie es dazu kommt, dass er die Kanzlerin abhören kann. Nach einer kurzen Pause legte Wim Hettgas nach: »Das ist das einzige, was die Presse damals nicht spitzbekommen hat, als die NSA-Affäre aufflog. Nämlich, dass ohne die Telekom in Deutschland kein einziges Handy abgehört worden wäre. Da du, lieber Robert, ein ehrbarer Journalist bist, der zu seinem Wort steht, weißt du, dass ich dir diese Info eben unter ›drei‹ gegeben habe. Kein einziges Mini-Wörtchen kommt zu diesem Thema an die Öffentlichkeit, verstanden?«

»Mein Ehrenwort! Ich schwöre auf meinen Nannen-Preis!«

»Das habe ich nicht anders von dir erwartet, lieber Robert.«

»Danke Wim, bist ein echter Kumpel.«

Eine Stunde später bekommt Robert Merburg eine E-Mail mit allen Verbindungsdaten der deutschen Bundeskanzlerin, inklusive mehrerer Audiodateien mit Mitschnitten ihrer Gespräche. Robert Merburg geht alle Gespräche Schritt für Schritt durch, auch das zwischen Werner Knauf und Angelika Mörkel, wo er stammelnd fragt, ob die Betrugsvorwürfe wahr oder nicht wahr seien und sie lautstark ihre Unschuld beteuert. Dieses und auch alle anderen Gespräche liefern ihm keinen Hinweis, wo sich die Kanzlerin versteckt hält. Nachdem er mehrere Stunden alle Anweisungen, Lästereien und Smalltalks durchgehört hat *(»Wie viel diese Frau telefoniert! Macht die auch noch was anderes in ihrem Job?«)*, kommt El Chefe zu dem Schluss: Er horcht die falsche Person aus! Und weil Robby so ein guter Freund von Wimmy ist, gibt's die

Verbindungsdaten von Mörkels rechter Hand, von Regierungssprecher Werner Knauf, ohne viele Überredungskünste obendrein.

9 Vergiss bloß die Codesprache nicht

Werner Knauf, in seinem Berliner Büro, und fünf seiner Mitarbeiter arbeiten schon seit 7 Uhr auf Hochtouren an einer Pressemitteilung. In einer kurzen Pause geht er runter auf die Straße, winkt sich ein Taxi und lässt sich irgendwo an einer Telefonzelle absetzen. Er ruft seinen Sohn an.

»Hallo Mark, na, wie geht es dir bzw. euch?«

»Sie hat keine Probleme bereitet«, raunt Mark in sein Handy. Er ist gerade auf dem Weg zum Bäcker. »Die Mö…«

»Um Gottes Willen, sag bloß den Namen nicht, das haben wir doch besprochen! Keine Namen – falls jemand mithört.«

Werner Knauf hat es seinem Sohn mehr als einmal gesagt: Auf keinen Fall darf er am Telefon Mörkels Namen aussprechen, vielmehr haben sie eine Art Codesprache ausgemacht. Er solle statt »Mörkel« den Namen seiner Freundin »Mimmy« verwenden.

»Oh Mann, also nochmal: Mimmy hat keine Probleme gemacht. Sie bleibt in ihrem Zimmer und starrt Löcher in die Luft.«

»Das ist gut, sorg dafür, dass es so bleibt.«

Werner Knauf ist froh, dass seine Chefin sich an seine Anweisungen hält. So können er und sein Team die Medien beschwichtigen, während die Staatsanwaltschaft ermittelt und die Betrugsvorwürfe prüft – und am Ende natürlich zu dem Schluss kommt, dass alles nur viel Lärm um Nichts ist.

»Ich danke dir, Mark. Wir sprechen uns morgen wieder. Ich ruf dich wieder von einer

Telefonzelle an, dann ist es nicht so auffällig, dass ich jetzt plötzlich öfter bei dir anrufe. Sag Grüße an Mimmy.«

Mark ist für einen Augenblick verwirrt, welche Mimmy sein Vater meint. Er sagt nicht einmal ordentlich Tschüss, sondern brummt nur ein paar unverständliche Laute.

Der Junge taut einfach nicht auf. Werner Knauf schüttelt den Kopf und legt auf. *Was soll man da machen?*

10 Mal eben kurz die Zeitung reinholen

Zurück in der Kreuzberger WG. Es ist immer noch Samstagmorgen.

Angelika Mörkels Haare sind ganz verwurschtelt, eben erst ist sie aufgestanden. Es ist 11 Uhr früh, und die Sonne scheint durch das verdreckte Fenster ihres kleinen WG-Zimmers. *Oje, oje, wie bin ich nur hierher gekommen*, denkt sie sich. *Was war das gestern für ein Tag! Ich weiß wirklich nicht, ob es die richtige Entscheidung war unterzutauchen, mich aus der Schusslinie zu nehmen.* Das würde ihr auf ewig anhängen: die Kanzlerin, die sich duckt, die Angst vor sensationsgeilen Journalisten hat, die ihre eigene Hand nicht unter Kontrolle hat.

Angelika Mörkel steigt die Leiter ihres Hochbetts etwas wackelig hinunter. Sie zieht sich ihren Morgenmantel über, den ihr ihre Haushälterin zum Glück eingepackt hatte. *Was nun*, denkt sie sich, *kann ich mir so einen Kaffee machen? Oder sieht mich dann wer?* Sie öffnet die Zimmertür einen Spalt, um zu sehen, ob die Luft rein ist. Weil niemand zu sehen und zu hören ist, traut sie sich raus. Alle WG-Mitglieder scheinen das Nest verlassen zu haben. Oder pennen noch. Wird schon gutgehen.

Die Reinlichkeit der Küche lässt zu wünschen übrig. Angelika Mörkel steht da mit aufgerissenen Augen und vor Ekel gekräuselter Stirn. Die Kaffeemaschine im Eck neben dem Kühlschrank ist ein älteres Modell, der Kaffee muss hier noch durch einen Filter laufen. Kein schickimicki Espresso-Vollautomat wie sie einen zuhause hat ...

Zum Glück hat jemand die Filtertüten und das Pulver gleich daneben gestellt, hier in diesem Siff auf die Suche gehen zu müssen, wäre jetzt echt eine Zumutung, denkt sich Angelika Mörkel und schaltet die Maschine ein. Sie setzt sich an den Küchentisch und wartet, während sie durch alte Zeitungen blättert. *Wo ist denn die von heute?* Sie geht den Papierstapel durch. Nichts. *Also da wird doch nichts dabei sein, wenn ich kurz mal nach der Zeitung sehe?*

Angelika Mörkel steht auf, zieht ihren Morgenrock etwas fester und schleicht sich zur Wohnungstür. Vorsichtig legt sie ihren Kopf dagegen, um zu hören, ob irgendjemand im Flur herumgeistert. Sie hört nichts, öffnet die Tür einen Spalt und streckt die Hand nach der auf der Türmatte liegenden Zeitung aus, als plötzlich eine Stimme donnert: »Ha, ist also doch jemand zuhause!«

Als habe sie an eine heiße Herdplatte gefasst, schnellt Angelika Mörkels Hand zurück. Sie schlägt die Tür mit einer solchen Wucht zu, dass es durch den ganzen Flur hallt. Ihr Herz rast. Beinahe hätte mich diese Person gesehen! Wer ist dieser Mann?

»Ihr Feiglinge!«, dröhnt es durch die Tür. »Zu feige, mir Rede und Antwort zu stehen«, schimpft Hermann Klotzer durchs Schlüsselloch. »Ich erwisch einen von euch schon noch im Hausflur, das sag ich euch. Und dann zieh ich euch die Ohren lang, wenn ihr noch einmal euren Plastikmüll vor der Tür abladet. Ja glaubt ihr denn, wir sind hier bei den Hottentotten?«

Angelika Mörkel drückt sich bewegungslos an die Wand und traut sich kaum zu atmen, aus Sorge, Herr Nachbar könnte sie entdecken, wie sie – die mächtigste Frau der Welt – mit Sturmfrisur im Morgenrock in einer Berliner WG rumlümmelt.

Hätte er sie jetzt gesehen, wäre er bestimmt gleich zum Telefon gerannt und hätte *RTL* angerufen oder die *Brisant*-Redaktion. Oder die *Bild*-Zeitung. *Da habe ich ja gerade noch mal Glück gehabt.*

»Mark, bist du das?«

Oh mein Gott, wer ist das denn nun??? Angelika Mörkel macht einen Satz in die Küche. Ahnungslos steht sie da. *Wo um alles in der Welt soll ich mich hier verstecken?* Sie huscht durch eine schmale Tür neben dem Gasherd. Aha, die Vorratskammer. Mucksmäuschenstill versucht sie, die Tür zu ihrem Versteck zu schließen. Gerade noch hört sie, wie jemand leise den Flur von einem der hinteren WG-Zimmer entlangtappst. Mit pochenden Ohren steht Angelika Mörkel zwischen den Zwiebeln und der H-Milch. *Was, wenn dieser jemand mich hier entdeckt?*

»Hallo, hallo! Macht endlich auf, ich will mit euch reden«, hört es Angelika Mörkel dumpf rufen. Der Nachbar wieder.

»Also langsam wird es mir zu bunt!«

Da ist jemand aber sauer!

»Was glauben Sie eigentlich, hier einfach so durch die Tür zu brüllen! Bei Ihnen hakt's wohl!«, schreit eine aufgebrachte Frauenstimme und reißt die Haustür auf.

»Fräulein Mimmy, ich habe Ihnen und den Jungs schon hundertmal gesagt …«

»Ist mir egal, was Sie uns wie oft gesagt haben wollen. Sie machen das bitte nicht durch die Tür, nicht mit einem solchen Geschrei und schon gar nicht in dem Ton.«

»Aber Fräulein Mimmy, ich wollte doch nur …« Herr Nachbar wirkt plötzlich etwas kleinlaut.

»Fräulein Sie mich nicht, ich bin kein

Fräulein, ich bin eine Frau, basta. Wenn wir unseren Plastikmüll vor der Tür abstellen, dann stellen wir ihn vor die Tür, kapieren Sie? Sie sind hier nicht der Aufseher.«

»Aber die Hausordnung!«

»Ich pfeif auf die! Wo steht das überhaupt? Statt dass Sie mir helfen, diese vielen Säcke runterzutragen, stehen Sie hier und schimpfen. Das wäre doch viel hilfreicher, als hier auf der Lauer zu liegen. Schämen Sie sich!«

Hermann Klotzer geht bedröppelt zurück in seine Wohnung gegenüber. Auch Dackel Krümel schaut ganz traurig drein, er hat den Schwanz zwischen die Beine geklemmt. Mimmy schaut beiden noch kurz nach und knallt dann die Tür zu.

»Sehr gut gemacht!«

Mimmy spitzt die Ohren. Wer hat das gesagt? »Mark, bist du das?« Sie späht in die Küche, dann ins Wohnzimmer. Derweil beißt sich die Kanzlerin auf die Unterlippe. Wie kann sie nur einfach so was rausplappern? Sie muss doch vorsichtig sein.

Mimmy geht in die Küche, macht den Wasserkocher an und brüht sich einen ihrer geliebten Mate-Tees. Sie schiebt zwei Toastscheiben in den Toaster, als plötzlich in der Abstellkammer ein Schlag ertönt.

»Aua!«

»Sag mal, spinn ich jetzt, wer ist denn da?« Mimmy reißt die Tür auf und sieht, wie jemand sich den Kopf hält. Die Haushaltsleiter ist umgekippt und der Person auf den Kopf gefallen.

»Wer sind Sie?« Sie greift nach einem von Marks großen Küchenmessern, das über dem Herd an einem Magnet hängt.

»Aua, das hat wehgetan ...« Angelika Mörkel reibt sich den Kopf. »Das gibt bestimmt eine Beule.«

»Was machen Sie in unserer Küche?« Mimmy fuchtelt mit dem Messer vor Angelika Mörkels Nase herum. Ihre Hand zittert, Mimmy versucht es zu unterdrücken, indem sie sich mit der linken Hand den rechten Arm hält.

»Ach, was soll's. Jetzt gibt es kein Zurück mehr.« Angelika Mörkel atmet tief ein. »Ich bin die Geli.«

»Aha. Und was machen Sie in unserer Küche?«

In dem Moment tritt Mark durch die Tür, er kommt gerade vom Bäcker, unterm Arm das aktuelle Heft des *Observierers*. Er ist einen Moment starr vor Schreck, hat er doch nicht damit gerechnet, die Kanzlerin und seine Freundin zusammen zu sehen. Er fängt sich jedoch gleich wieder.

»Frau Mörkel, Sie sollten doch in ihrem Zimmer bleiben!«, fährt er sie an.

»Aber ich hatte doch Kaffee-Durst … Und dann kam mir der Nachbar in die Quere.«

Mark hat ein großes Fragezeichen im Gesicht.

»Der Mann hatte sich beschwert, dass wir den Plastikmüll nicht runtertragen, dass der immer vor der Tür steht.«

Plötzlich geht Mimmy ein Licht auf. »Ah, Sie waren das. Er hat zuerst Sie angeschnauzt, jetzt ist mir alles klar. Erst wollten Sie raus aus der Wohnung, jetzt sind Sie hier in unserem Kabuff. Was soll das? Und wer sind Sie?«

»Ohje...«, seufzen Mark und Angelika Mörkel gleichzeitig. Mark schüttelt den Kopf, schaut seine Füße an. »Liebe Mimmy, vor dir steht die deutsche Bundeskanzlerin. Frau Mörkel, darf ich vorstellen, meine Freundin Mimmy.«

Mimmy muss sich setzten, sie hält sich die Hand vor den Mund. Mark glaubt für einen Moment, sie schreie gleich los. Stattdessen verfällt Mimmy in schallendes Gelächter. Sie lacht so sehr, dass ihr ganzer Körper bebt. Tränen laufen ihr das Gesicht hinab, sie kann gar nicht mehr aufhören. Ihr Lachen ist ansteckend, und so fängt auch Angelika Mörkel an zu glucksen. Mark versucht währenddessen, seine Aversion gegenüber Angelika Mörkel auf Teufel komm raus aufrecht zu erhalten. Man kann doch schließlich nicht mit seinem Feindbild so fröhlich zusammensitzen, wo kommt man da hin! Am Ende aber gibt er auf und lässt sich zu einem kleinen Lachanfall hinreißen. Sie lachen und lachen, bis Mimmy irgendwann ein »Ich kann's nicht glauben, Sie hier in unserer Wohnung …« rausbekommt. »Ich hätte es wissen müssen, bei deinem Vater ...« Sie schaut Mark an, muss sich den Bauch halten. Alle lachen und halten sich die Bäuche.

Für Angelika Mörkel ist es, als würde ein Berg an Frust und Sorge von ihr abfallen.

11 Wer versteckt sich denn da?

Am Küchentisch in der WG, kurze Zeit später.

Mimmy starrt auf die Kanzlerin, beißt von ihrem Toast ab, kann es nicht glauben, wer da vor ihr sitzt. Immer wieder prustet sie los, kriegt sich dann aber wieder ein. Gestern hat sie die Nachrichten im Fernsehen gesehen, die Kanzlerin sei untergetaucht. Sie nun hier vorzufinden, mit Strubbelhaaren im Morgenrock, ist eine große Überraschung.

»Schatz, dass das klar ist, niemand darf wissen, wo sich Angelika Mörkel aufhält.« Mark hat sein ernstes Gesicht wiedergefunden. Er rüttelt Mimmy leicht am Arm, damit sie sich endlich zu ihm dreht. »Hörst du?«

»Ja, ich versprech's ...«, kichert sie.

Angelika Mörkel nickt zustimmend. »Es dürfte nicht lange dauern, dann bin ich wieder zuhause.«

Mimmy gefällt ihr. Sie ist klein und zierlich, hat lange schwarze spaghettiglatte Haare und ein breites Grinsen. »Woher kommen Sie?«

»Ich komme aus Laos. Bin aber hier in Deutschland großgeworden. Als Kind sind meine Eltern, mein Bruder und ich geflüchtet, haben 1998 Asyl bekommen.«

»Laos, also da war ich noch nie auf Staatsbesuch. Ist es da denn schön dort?«

»Wenn Sie Dschungel mögen ja. Das Land ist halt sehr arm.«

»Ja, das habe ich gelesen, sehr interessant.«

Angelika Mörkel und Mimmy beginnen ein angeregtes Gespräch über Mimmys Heimat. Mark lehnt sich zurück und schaut den beiden zu, wie sie ihn komplett vergessen haben. Erst als sich eine Tür knarrend öffnet, unterbrechen die beiden Frauen ihr Geschnatter.

»Schnell, wieder da rein«, flüstert Mimmy und schiebt die Kanzlerin in die Abstellkammer. Die Leiter stellt sie so, dass sie nicht noch einmal umfallen kann. »Keinen Ton!«

Tobi schlurft in die Küche. »Na ihr, was macht ihr Hübschen denn so?«, fragt er gähnend in die Runde und schaut Mimmy fragend an, die sich an die Tür der Abstellkammer lehnt. Sie merkt, wie komisch das aussieht und bietet ihm schnell einen ihrer Mate-Tees an.

»Ne, bei dem Zeug krieg ich Herzrasen, nein danke.«

»Komm, ich mach' uns Kaffee.« Mark nimmt eine Filtertüte und schüttet einige Löffel Pulver hinein. »Den können wir doch heute mal bei uns auf'm Balkon trinken, was meinste, Tobi? Schönes Zigarettchen dazu.«

»Alter, ich hab vor drei Monaten aufgehört zu rauchen – hör mir damit auf.«

»Dann fängste halt wieder an.«

»Spinnst du?« Tobi schaut Mark verwundert an. Er wird stutzig. »Sagt mal, habt ihr irgendwas? Was is'n mit euch?«

Mark und Mimmy tun völlig ahnungslos, als könnten sie kein Wässerchen trüben.

»Habt ihr da hinten irgendwas versteckt?« Tobi zeigt auf die Tür.

»Nö, wie kommst du drauf?« Mark versucht so unbekümmert wie möglich zu klingen. »Willste deinen Kaffee mit Milch?«

»Alter, ihr habt doch da was versteckt, ihr tut so komisch.« Tobi lächelt verschmitzt und läuft in

73

Richtung Abstellkammer, aber Mimmy stellt sich ihm in den Weg, die Hand ausgestreckt.

»Halt!«, ruft sie. »Da kannst du nicht rein!«

»Was hast du denn da, das keiner sehen darf, hä?« Tobi grinst und lässt seine Augenbrauen ein paar Mal auf und ab wippen.

»Da ist dein Geburtstagsgeschenk drin«, prescht Mark vor und stellt sich neben Mimmy. »Streng geheim, sonst ist es keine Überraschung!«

Das ist für Tobi ein Argument. Er nimmt seine Tasse und geht zurück in sein Zimmer. Mark und Mimmy atmen erleichtert auf. Ist noch mal gutgegangen.

12 Ungleiche Brüder

In Zürich in einer schmuddeligen Wohnung. Es ist Samstagmittag kurz vor 12 Uhr.

Seine Freunde nennen ihn Berti. Eigentlich heißt er Bertram. Und Rocko ist sein Bruder. Bertram und Rocko könnten nicht unterschiedlicher sein. Der eine schwarzhaarig, blaue Augen, mit Schwimmring ausgestattet und ein begabter Mathematiker, der Banker wurde. Der andere rothaarig mit grünen Augen, ein Spargeltarzan mit nicht viel Grips in der Birne, der als Sechszehnjähriger kein Bock mehr auf Schule hatte und stattdessen eine Lehre als Koch machte, dann aber statt in der Hotelküche vorne an der Rezeption arbeitete.

Unterschiedlicher Anblick, unterschiedliche Karrieren – doch das gleiche Level an Moral. Oder sollte man lieber sagen Unmoral? Jeder zog seinen Kunden das Geld aus der Tasche, der eine sprichwörtlich, der andere tatsächlich, nämlich indem er die Hotelzimmer nach Jacken, Mänteln und Handtaschen durchsuchte und sich bei einem Bargeldfund herzhaft bediente. Der andere, indem er seinen ahnungslosen Kunden völlig skrupellos Finanzprodukte aufschwatzte, die Risikoklassen so hoch wie die Zürcher Geldtürme hatten. Jeder war auf seine Art kriminell, und das störte sie auch nicht, man hatte da kein schlechtes Gewissen, jeder war nur auf seinen Vorteil bedacht.

»Wie viel Kohle haben die dir rüberwachsen lassen?« Berti reibt sich die Hände.

»830.000 Euro. Mehr war nicht drin. Das macht für jeden ...« Rocko muss scharf nachdenken.

»415.000, du Idiot!« Berti rollt genervt die Augen. Sein Bruder ist wirklich dämlich. Wie peinlich. Er streckt die Hand aus. »Ich will meinen Anteil, sofort.«

»Nur mit der Ruhe, Mister Lackschuh-ich-hab-die-Haare-gegelt. Kannst es wohl nicht abwarten.«

»Ich kann es nicht glauben, das ist es! Wie kann man sich mit nur 830.000 Euro zufriedengeben, du Arschloch! Da hätte mehr drin sein können!«

»War es nicht, und jetzt sag ich es zum letzten Mal!«, bäfft Rocko seinen Bruder an. »Mehr wollten die in Hamburg nicht zahlen, capito?«

»Dann hättest du den Skandal einem anderen Blatt anbieten müssen!« Berti kann es manchmal nicht fassen, wie viel geballte Dummheit in einem Kerl stecken kann.

Rocko zieht die Mundwinkel nach unten. »Ach so«, gibt er kleinlaut bei, »daran habe ich nicht gedacht.«

»Das merke ich … Ach, was soll's. Jetzt ist das Kind schon in den Brunnen gefallen. Immerhin, fast eine halbe Million für jeden.«

Rocko hat sein Grinsen wiedergefunden. »Was machst du mit deinem Anteil?«

»Ich kauf mir eine Wohnung am Meer, irgendwo in Spanien. Vielleicht auch ein Boot. Wie mir der Pfurz pfeift.«

Es war an einem Wochenende. Ein Freund von Berti und Rocko feierte Junggesellenabschied. Sie tranken viel Bier, und irgendwann platze es aus Rocko heraus.

»Mann, Berti, fast hätte ich es vergessen! Ich habe dir das Beste ja noch gar nicht erzählt!«

»Was ist?«, lallte Berti, und sogleich erzählte

Rocko, welchen Namen er auf seiner Gästeliste für die kommende Woche stehen hatte: Angelika Mörkel. Ob das nicht der Name der deutschen Bundeskanzlerin sei?

»Ja, so heißt sie. Und? Warum erzählst du mir das?«

»Nun, auch der Name ihres Mannes steht dort. Er heißt doch Johannes Mörkel, oder? Beide werden zwei Nächte in Zürich sein.«

Sogleich schoss es Berti in den Kopf, ein Geistesblitz vor dem Herrn! Die Idee war genial! Sie heckten umgehend einen Plan aus.

Rocko geht oberlässig zum Fernseher und schaltet die Nachrichten im deutschen Fernsehen ein. Es wird eine Pressemitteilung live aus dem Kanzleramt geschaltet.

13 Im Schrank versteckt

Es ist gerade 12 Uhr geworden, Kanzlerin Angelika Mörkel, Mimmy und Mark sitzen zusammengepfercht auf Marks Bett in seinem WG-Zimmer und schauen sich die Nachrichten auf seinem kleinen Fernseher an. Gleichzeitig sitzt Tom Berber bei seinem Freund Sebastian in Neukölln auf dem Sofa und sieht fern. Und Hermine Kösser kommt gerade von ihrem Kirchenfest nach Hause.

»Meine sehr verehrten Damen und Herren, danke, dass Sie so zahlreich erschienen sind.« Werner Knauf steht auf einem Podium an einem Rednerpult. »Gleich vorab die Information: Wir werden diese Pressemitteilung abhalten, aber heute keine Fragen Ihrerseits zulassen.«

Ein empörtes Raunen der anwesenden Medienvertreter geht durch den Raum. Das mögen sie gar nicht.

»Bundeskanzlerin Angelika Mörkel – und das möchte ich ganz deutlich sagen – weist sämtliche Anschuldigungen der Steuerhinterziehung aufs Schärfste zurück. Es hat keine Steuerhinterziehung gegeben, zu keinem Zeitpunkt. Punkt. Angelika Mörkel hat keine Steuergesetze gebrochen.« Werner Knauf schaut mit todernstem Gesicht in die Runde. Er fährt fort: »Die Bundeskanzlerin hat Anzeige gegen Unbekannt erstattet. Es geht auch darum, die Würde ihres Amtes zu schützen, zu bewahren. Die Staatsanwaltschaft hat außerdem die Ermittlungen aufgenommen. Wir erwarten das Ergebnis der Untersuchungen schon diese Woche.«

Pressesprecher Werner Knauf macht eine kurze Pause. »Die Anschuldigungen waren für Bundeskanzlerin Angelika Mörkel ein heftiger Schlag, es hat sie so sehr mitgenommen, dass sie unaufmerksam war, zuhause unglücklich gestürzt ist und einen Bandscheibenvorfall erlitten hat. Sie leidet unter heftigen Rückenschmerzen. Ihr Hausarzt hat ihr Bettruhe verordnet, und so wird Angelika Mörkel ein paar Tage die Amtsgeschäfte ruhen lassen.«

Mörkel, Mimmy und Mark schauen sich an. Zeitgleich, in einer Wohnung keine zwei Kilometer entfernt, springt Tom vom Sofa seines Freundes Sebastian auf. Dort dürfen er und Marco nämlich für ein paar Tage pennen. »Die feige Nuss«, schreit Tom, »gibt's ja gar nicht, wie die sich vor der Verantwortung drückt! Bandscheibenvorfall, dass ich nicht lache! Nie im Leben!«

Sebastian bekommt nur ein gelangweiltes »Echt grass eh« raus, hat er schließlich schon ein Tütchen geraucht, da ist man etwas müde. Und Marco verpasst alles, weil er gerade auf dem Klo hockt.

Derweil sitzt Hermine Kösser starr vor Schreck auf ihrem Sofa. Leute auf dem Sommerfest ihrer Kirche haben sie heute morgen angesprochen, was denn dran sei an den Gerüchten um ihre Tochter, sie hatte aber keine Ahnung, um was es geht, und als der Dritte sie darauf ansprach, wurde es ihr unheimlich. Sie ging nach Hause und schaltete sofort den Fernseher an. Ihr Baby soll Steuern hinterzogen haben? Und nun liegt sie auch noch mit einem Bandscheibenvorfall zuhause? Wie schrecklich! Hermine Kösser geht rüber zum Telefon, wählt die Handynummer ihrer Tochter. Es ist abgeschaltet. Hermine Kösser beschleicht ein ungutes Gefühl. Mamas spüren doch, wenn etwas mit ihrem Kind nicht stimmt.

»Wie lange Bundeskanzlerin Angelika Mörkel die Amtsgeschäfte ruhen lassen wird, ist noch nicht absehbar. Wir hoffen auf eine schnelle Genesung. Und ich hoffe auch, dass Sie, die Presse, der Bundeskanzlerin Respekt erweisen und sie ausruhen lassen. Damit bedanke ich mich für Ihr Kommen.«

Werner Knauf dreht auf dem Absatz um und verlässt das Podium. Die Journalisten – trotz Abmachung – rufen ihm Fragen hinterher, er aber ignoriert sie alle und verschwindet durch die Tür des Pressesaals.

»Na, tut's weh?« Mimmy stupst Angelika Mörkel in die Seite. »So ein Bandscheibenvorfall ist bestimmt schmerzhaft ...« Sie grinst.

»Sehr witzig ...« Angelika Mörkel macht ein Zitronengesicht und lässt resigniert den Kopf in ihre Hände fallen. *Irgendwie blöd, hier zu sitzen und nichts tun zu können. War es die richtige Entscheidung, mich zu verstecken? Ich hätte ja auch zuhause bleiben können. Warum bin ich überhaupt hier?*

Angelika Mörkel kommt ins Grübeln. Es stimmt schon, Werner hat Recht, sie ist hier sicherer. Es hatte schon mehrere Vorfälle gegeben, als Journalisten eine Drohne fliegen ließen, ihr Wohnzimmer filmten und sie sich hinter den Vorhang flüchten musste. Außerdem wäre sie rund um die Uhr Haushälterin Inge ausgesetzt, und das ist kaum zu ertragen. Inge erzählt ununterbrochen von ihren Eheproblemen mit Horst, man kann sie einfach nicht davon abbringen. Sie plappert in einem fort und gibt Details preis, die keiner hören mag. Es ist zum Haare raufen nervig ihr zuzuhören, aber sie bügelt halt gut und weiß genau, was in Koffer muss bei welchem Staatsbesuch, und das ist Gold wert.

Lass ich Inge lieber daheim Selbstgespräche führen.
Ich tauche hier unter, alles gut so wie es ist. Blöd
nur, dass Mimmy jetzt auch noch Bescheid weiß.
Naja, sie scheint eine Nette zu sein. Hoffentlich irre
ich mich nicht in ihr.

Es klopft plötzlich. »Hey, habt ihr das eben
mit der Mörkel gehört?«, ruft Tobi durch die Tür.
Mimmy und Mark zucken zusammen. Angelika
Mörkel springt rüber zum Kleiderschrank und
klettert hinein.

»Nö, du ... äh ... Wir können gerade nicht«,
ruft Mark, als habe er von Nichts eine Ahnung. Er
greift zum Bettrahmen und lässt ihn ein paar Mal
quietschen. »Wir sind gerade beschäftigt ...«

»Alter, ich wollte euch nicht stören, sorry
Mann. Ich geh ins Kino mit Anni, bin heute Abend
wieder da.« Tobi macht sich aus dem Staub, das war
ja eben peinlich.

Mark und Mimmy atmen erleichtert auf. Sie
gehen rüber und öffnen den Schrank. Angelika
Mörkel sitzt zwischen Marks alten Schuhen und ein
paar Mänteln. »Helft ihr mir?«, fragt sie leise. »Ich
komm nicht mehr hoch...«

Zeitgleich, in Sebastians Wohnung in
Neukölln, packt Tom seine Tasche und haut mit der
Faust an die Badtür, um Marco vom Klo zu
bewegen. »Wir müssen los, beeil dich!«

Und in Templin schenkt sich Hermine Kösser
zur Beruhigung einen Klosterfrau Melissengeist ein.
Das arme Kind.

14 Verfolgungsjagd

Tom Berber und sein Fotograf Marco sitzen in der Klapperkiste von Toms Mutter. Sie suchen einen Parkplatz vor Angelika Mörkels Wohnung in Berlin Mitte. Dort hat sich schon eine Horde Journalisten eingefunden, die alle auf der Lauer liegen.

»Oh Mann, schau dir das an.« Tom und Marco laufen zu Familie Mörkels Hauseingang. Sie bleiben am Rande des Gedränges stehen. »Hier ist ja was los.« Von den anderen Journalisten, Fotografen und Kameramännern erfahren sie, dass sich bis jetzt nichts getan hat im Casa Mörkel. Keiner sei rausgekommen, keiner hineingegangen.

»Wir müssen wohl warten.« Tom lehnt sich an die Hauswand, etwas abseits vom Gedränge. Marco zündet sich erst einmal eine Zigarette an. Er dreht sich weg von der Menge, weil der Wind so blöd weht. Während er versucht, seinem Feuerzeug eine letzte Flamme abzuringen, sieht er, wie die Straße runter Johannes Mörkel um die Ecke biegt, wie angewurzelt stehenbleibt (er hat offensichtlich nicht dran gedacht, dass eine große Ansammlung Journalisten vor seiner Tür stehen könnte, nach den Nachrichten des Tages und Vortages) und auf dem Absatz kehrtmacht. Marco sieht das, greift nach Tom, und beide rennen sie dem Kanzlergatten nach. Marco aber, der Tollpatsch, stürzt und knallt auf die Straße, und Tom holt Johannes Mörkel erst ein, als der schon in seinen alten Golf GTI gesprungen ist. Er haut die Tür zu, kurz bevor Tom mit einem dumpfen Ton gegen den Wagen prallt. Johannes

Mörkel gibt Gas und fährt mit quietschenden Reifen davon. Tom rennt zwar noch ein paar Meter hinterher, aber es macht keinen Sinn: Johannes Mörkel biegt ab und ist verschwunden. Weit und breit kein Taxi, kein anderer Autofahrer, und die eigene Karre steht zwei Straßen weiter.

»Verfluchte Scheiße!«, brüllt Tom. Wütend kickt er mit dem Fuß eine Cola-Dose weg, die am Bordstein rumliegt. Da fällt ihm eine Visitenkarte auf, die eben erst heruntergefallen sein muss. Sie ist noch glänzend weiß. War sie Johannes Mörkel eben aus der Tasche gerutscht? Es steht die Adresse eines Nagelstudios in Köpenick drauf.

»Was meinst du, Marco, gehört sie ihm?«

Marco hält sich das Knie, es blutet und tut weh. »Kann schon sein«, stöhnt er. Er liest die Adresse auf der Vorderseite, dreht dann die Visitenkarte um. *Freu mich auf Dich! Deine Nuschi* hat jemand mit Kuli draufgekritzelt.

»Komm, dem gehen wir nach.« Marco und Tom hinken zurück zu der Horde Journalisten vor Mörkels Eingangstür. Tom steckt einem Kameramann einen Hundert-Euro-Schein zu. »Ruf mich an, wenn sich hier was tut«, flüstert er, und die beiden tauschen Nummern aus. Dann steigen Marco und Tom in ihr Auto und fahren nach Köpenick zu ›Jennys Nagelstudio‹.

15 Jetzt mal ganz langsam

Im Büro der Staatsanwaltschaft in der Turmstraße in Berlin. Es ist 13 Uhr.

»So, also Leute, wir müssen wohl oder übel. Jetzt wollen wir uns mal zusammensetzen und einen Plan aushecken.« Kurt Semmel ist Behördenleiter der Staatsanwaltschaft Berlin. Er ist ein hagerer Mann mit mürrischem Gesicht. Er sieht zwar sportlich aus, ist aber wie besessen von Gemütlichkeit. Alles muss gechillt ablaufen, nichts darf zu stressig sein, es darf keine Hektik entstehen. Und so ist es auch heute. Da wurde zwar die wichtigste Person im Staate der Steuerhinterziehung beschuldigt, doch das heißt nicht, dass man sich gleich an die Arbeit machen muss. Erst mal wurde Kaffee bei der Sekretärin bestellt und dann darüber geschimpft, dass nun ja das Wochenende versaut sei, jetzt, da man einen angeblichen Fall der Steuerhinterziehung zu untersuchen habe. Kurt Semmel war darüber so sauer, dass er die Jetzt-ist-es-mir-gerade-egal-Haltung einnahm und alle Mitarbeiter – entgegen jeglicher Dienstvorschrift – entließ mit dem Satz: »Das hat auch noch bis Montag Zeit.«

So kam es, dass die Staatsanwaltschaft doch nicht umgehend Ermittlungen zum Fall Mörkel aufnahm, sondern Kurt Semmel lieber seinen Rasen mähte.

16 Völlig ahnungslos

In Nuschis Wohnung in Köpenick. Johannes Mörkel rennt völlig außer Atem zur Tür rein, der Schweiß läuft ihm von der Stirn.

»Mein Schätzchen, kann ich ein paar Tage bei dir bleiben?« Johannes Mörkel lässt sich in Nuschis Sessel fallen.

»Na klaro, mein 'Äschen. Isch bin immer für disch da.«

»Ich bin gerade mit viel Glück zwei Paparazzi entkommen, direkt vor unserer Wohnung. Ich hatte nicht dran gedacht, dass sich ja möglicherweise jeder in Berlin ansässige Medienvertreter sowie sämtliche Korrespondenten dort einfinden könnten, ich hab einfach nicht nachgedacht ...«

Johannes Mörkel wirkt verzweifelt. Er hat die Nacht bei Nuschi verbracht, Geli war ja sowieso nicht zuhause. Sie haben kein einziges Mal den Fernseher angemacht. Ihm war nicht klar gewesen, welche medialen Wogen der Steuerskandal seiner Frau schlagen würde. Da sein Autoradio kaputt ist, fuhr er heute morgen völlig ahnungslos von Nuschis Wohnung los, wollte kurz heim, sich umziehen. Pustekuchen.

»Isch muss nachher zur Arbeit, 'Äschen, aber du kannst 'ier bleiben. Mach es dir gemütlisch.«

Johannes Mörkel schließt die Augen und legt den Kopf nach hinten. Was werden die kommenden Tage bringen? Er grübelt und ist völlig ratlos. Wird sich die Presse bald wieder beruhigen? *Wenn sie Geli nachjagen, dann auch mir. Wie soll ich am Montag nur zur Arbeit gehen?* Er macht den Fernseher an und sieht, wie in den Nachrichten über den Steuerskandal und den Bandscheibenvorfall der Kanzlerin berichtet wird. Sogar die Amerikaner und Briten haben die Story zu ihrem Top-Thema gemacht. Sie senden immer wieder das Video, wie Geli in die Bankfiliale reinläuft. Was keiner weiß, ist, dass der Mann da hinten im Eck, der mit dem Schal, er ist. Der Kanzlergatte.

17 Falsche Kundin

Es ist 14 Uhr und Tom Berber betritt Jennys Nagelstudio in Köpenick.

Eine Glocke klingelt, als Tom das Nagelstudio betritt. Hier ist es schön kühl.

»Haben Sie einen Termin?«, hört er eine Stimme aus dem Lagerraum rufen.

»Ja, um 14 Uhr. Bei Nuschi.« Tom hofft, ins Schwarze zu treffen, dass hier wirklich eine Nuschi arbeitet.

»Komisch.« Eine Frau Mitte fünfzig erscheint im Türrahmen. »Nuschi macht immer bis 14:30 Uhr Mittag. Da muss ein Irrtum vorliegen.«

»Ach so, ja, kann sein, dass ich mich vertue. Ja stimmt, 14:30 Uhr hatte sie gesagt.«

Die Frau grinst und geht zum Tresen rüber, wo ein Terminkalender liegt. »14:30 Uhr … Hier steht aber ›Martina‹. Seltsam.«

»Das bin ich! Ich meine natürlich, ich bin Martin, das bin ich, ist halt ein Schreibfehler.«

»Na gut, setzen Sie sich. Wollen Sie einen Kaffee?«

»Ja gerne.«

Die Frau verschwindet wieder hinten im Lagerraum. Tom schreibt schnell eine SMS an Marco, der vor der Tür im Auto wartet: *Irgendwann zwischen jetzt und 14:30 Uhr kommt eine Kundin, die Martina heißt. Sie hat 'nen Termin bei dieser Nuschi. Halt sie auf, egal wie! Verstanden?*

☺ Marco schickt ein Smiley.

Tom wartet, trinkt seinen Kaffee, blättert gelangweilt in ein paar Zeitschriften. Da wird es draußen plötzlich laut. Tom dreht sich zum Fenster und sieht Marco eine Frau in Richtung des Autos zerren. Sie ist groß und kräftig und gibt Marco ganz schön Kontra. Plötzlich holt sie eine Dose Pfefferspray aus ihrer Handtasche und sprüht sie Marco ins Gesicht, der daraufhin jaulend zu Boden sinkt. Sie tritt ihm noch eins hinterher und geht dann wutentbrannt in Richtung des Nagelstudios. Die Frau schmeißt die Tür auf:

»Jenny mon amour, isch 'ab einen Vergewaltiger plattgemacht. Ruf sofort die Polizei, der kommt 'inter Gitter. *Oh, là, là,* mit der Nuschi darf sich keiner so anlegen. Dem lese isch die Leviten. Mon dieu!«

Jenny rennt sofort ans Telefon, ruft 110. Währenddessen läuft Tom raus zu seinem Kollegen, um ihm zu helfen. »Mensch Alter«, schimpft er Marco, der vor ihm im Staub liegt. »Das war die Nuschi! Du solltest doch ihre Kundin abhalten reinzukommen. Du hast die Falsche erwischt.«

Marco stöhnt vor sich hin, als pfeife er aus dem letzten Loch. Er bekommt gerade noch ein »Das kann ich doch nicht wissen, wer hier wer ist« heraus.

»Sorry Marco, aber ich werde das Spiel weiterspielen müssen …« Tom nimmt ein Seil aus dem Kofferraum und fesselt Marcos Hände hinter seinem Rücken. Der findet das gar nicht toll und wehrt sich entsprechend, doch Tom ist das egal. Nuschi soll sehen, dass er ihr zur Hilfe kommt. Sie soll ihm vertrauen.

Nuschi und Jenny schauen zu, wie Marco sich windet. Sie haben sich hinter der Glasscheibe des Nagelstudios in Sicherheit gebracht, schauen lieber aus sicherer Entfernung zu.

Tom zieht Marco auf den Rücksitz und kommt zurück. »Frauen sind heute aber auch nirgends mehr sicher«, sagt er, während er die Tür aufdrückt und sich die Hose abklopft. Er ist überrascht, Nuschi mit kurzen graumelierten Haaren anzutreffen. Eben waren sie doch noch lang und blond! Soso, Nuschi ist also ein Er. Der eine Sie sein will.

Tom fällt auf, dass Nuschi drei Knutschflecke am Hals prangen hat. Sie sieht blass aus. »Geht es Ihnen gut?«, fragt er mitfühlend.

Nuschi macht eine kurze theatralischen Pause. »Ja, danke, schon viel besser.«

Nuschi ist mit ihren Absätzen größer als Tom. Sie schaut ihn von oben mit großen Augen an, blinzelt ein paar Mal und lächelt dann wie ein unschuldiges kleines Mädchen. In den paar Minuten, die seit dem Überfall vergangen sind, hat sie sich ein bisschen in Retter Tom verknallt.

»Isch habe einen großen Schreck bekommen, weißt du«, flüstert sie.

»Was ist denn passiert?«

»Der Mann da, dieser Rüpel! Er meinte, er sei immer auf der Suche nach neuen Fototalenten, er sei Fotograf, ob isch eine Minute Zeit 'ätte. Isch sagte ihm: *Non, non,* keine Zeit, eine Kundin käme gleich. Aber er ließ nischt locker, wollte mir unbedingt seine Kamera zeigen, die im Auto liege. Er 'ätte die neueste Linse, sei ganz toll, blabla. Und als ich misch umdrehe, um zu gehen, da zieht er misch einfach zurück. Da 'at er eine rosa Linie überschritten! Was mache isch? Isch mache Karate. Haiaaa!« Nuschi fuchtelt mit den Händen durch die Luft. »Isch bin sonst eigentlisch sanft wie ein Lamm, *mon petit filou* ...« Wieder lächelt Nuschi verführerisch.

Tom wird es unbehaglich zumute. »Kann ich eine Pediküre bei Ihnen machen?«, versucht er das Thema zu wechseln.

»Aber natürlisch!« Nuschi klatscht begeistert in die Hände und bittet Tom, doch gleich hier vorne Platz zu nehmen. Kaum verschwindet sie mit ihrer Chefin Jenny hinten im Lagerraum, da tritt eine junge Frau an die Tür und will herein. Tom kann sie gerade noch davon abhalten. Das muss Martina sein. Die darf auf keinen Fall jetzt stören. Er dreht das Offen-Geschlossen-Schild um und schließt die Tür ab. Martina rüttelt ein paar Mal, doch Tom zieht Grimassen, und als sie durch die Scheibe ruft, sie habe aber doch einen Termin, da fasst er sich beherzt in den Schritt und streckt die Zunge raus. Es klappt, nun hat Martina genug und macht auf der Stelle kehrt. Sie läuft zufällig an Toms Auto vorbei, bemerkt den gefesselten Marco auf der Rückbank und dreht sich verwundert zu Tom, doch der springt aus dem Nagelstudio, schreit ihr ein »Das geht dich nichts an« hinterher, und schon rennt sie panisch die Straße hinunter aus Angst vor diesen Psychopaten, die neuerdings Jennys Nagelstudio betreiben.

Tom setzt sich wieder auf seinen Stuhl, da kommt Nuschi mit einem Korb verschiedener Nagelstudioutensilien zurück. »Magst du roten Lack? Oder goldglänzend? Oder orange?« Sie hält Tom eine Farbpalette hin.

»Äh, nein, also das ist mir zu tuntig«, rutscht es ihm heraus. Das findet Nuschi gar nicht komisch, läuft sie doch jeden Tag so rum. Sie wirft Tom einen vorwurfsvollen Blick zu und macht sich wortlos an die Arbeit. Tom nimmt derweil all seinen Mut zusammen und fragt ganz offen heraus: »Wer hat dir denn diese drei Knutschflecke verpasst?«

»Das würdest du jetzt gerne wissen.«

Nuschi holt eine Nagelschere aus einer Schublade. »Mein Freund war das«, sagt sie nach einer Weile. »Das macht er immer, wenn es heiß zugeht bei uns.« Nuschi muss grinsen.

Tom ergreift die Gelegenheit. »Wie heißt denn deine bessere Hälfte?«

»Jo.«

Tom bekommt große Augen, zum Glück schaut Nuschi gerade nicht hin. »Wie ist der denn so, dein Jo?«

»Er ist süß. Ganz einfühlsam, zärtlisch und so richtig schön maskulin. Das mag isch!«

»Hat er einen schönen Stoppelbart, so wie ich?«

»Nein, er ist immer glattrasiert.«

»Dunkelblonde Haare, so wie ich?«

»Nein, schwarze. Eigentlisch dunkelgrau. Wieso fragst du misch so über ihn aus? Was interessiert disch das?«

»Nun, ich habe in einer Zeitschrift gelesen, dass Frauen sich zu Männern hingezogen fühlen, die genauso aussehen wie sie selbst. Wo die Männer den Frauen im Prinzip ähnlich sehen.«

»Das kann isch nischt behaupten!«, lacht Nuschi laut los. »Isch 'atte noch nie einen Freund, der so war wie isch. Schon gar nicht Johannes!« Nuschi zuckt zusammen, wollte sie doch nicht den richtigen Namen nennen. Aber da Tom darauf nicht reagiert hat, schüttelt sie den Gedanken einfach ab, eben zu viel erzählt zu haben. Stattdessen fährt sie fort: »Er ist etwas untersetzt, isch bin groß und schlank. Er 'ält nichts vom Beinerasieren, isch kann nischt ohne. Er hat ein leichtes Doppelkinn, isch keinen Deut davon. Er ist verheiratet, isch nischt ...« Nuschi beißt sich auf die Lippe, jetzt hat sie aber doch zu viel erzählt.

Tom lässt sich nichts anmerken, aber er spitzt die Ohren, dass sie fast zu glühen beginnen. *Wie Nuschi ihren Freund beschreibt, aber hallo, das klingt ganz schön nach Johannes Mörkel! Da habe ich glaube ich einen Volltreffer gelandet. Die Visitenkarte am Straßenrand hat also doch ihm gehört.*

Tom ist wirklich ein Glückskind. Das würde seine zweite große Skandalgeschichte werden – zwei Knaller in so kurzer Zeit! Fantastisch!

»Ich überlege, mit meiner langjährigen Freundin zusammenzuziehen. Bin mir aber nicht sicher, ob das eine gute Idee ist. Wie ist das bei euch, teilt ihr euch eine Wohnung?«

»Nein, mein *Bébé* kommt nur ab und an mal vorbei. Er hat viel zu tun, weißt du.«

Da klingelt plötzlich die Glocke an der Eingangstür, und ein Polizist kommt herein. »Jemand hat hier 110 gerufen?«, fragt er gelangweilt.

»Das war ich!«, ruft Jenny von hinten aus dem Lagerraum. »Sie sind ja nicht von der schnellen Truppe ....« Jenny betritt das Studio und schaut Herr Wachmeister vorwurfsvoll an. »Da draußen ist ein Mann, den dieser nette Kunde hier für uns gefesselt hat. Er wollte unsere Nuschi in ein Auto zerren.«

Nuschi nickt und schiebt dabei die Unterlippe vor. »Kommen Sie, hier draußen ist der Mann.« Sie geht voraus, Jenny hinterher. Tom traut sich nicht aufzustehen. Eine Peeling-Paste klebt an seinen Füßen. Er schaut den dreien hinterher, sieht aber nicht viel, weil ein Sofa den Blick versperrt.

Als Nuschi zurückkommt, erzählt sie Tom, was draußen vor sich ging. »Stell dir vor, dem Mann 'atte das Auto gar nischt gehört, sondern einer Frau mit Wohnsitz in 'Amburg. Bis jetzt 'at sie das Auto nischt als gestohlen gemeldet, 'at der Polizist gesagt, es liege keine Anzeige vor. Isch jedenfalls 'abe gesagt, was passiert ist, und dann offiziell Anzeige erstattet. Der Polizist 'at den Mann abgeführt.«

Nuschi grinst über beide Ohren. »Nischt mit mir!«

Na super, denkt sich Tom, jetzt hockt Marco im Knast, und ich kann hier alleine weitermachen. Er wartet, bis Nuschi mit der Pediküre fertig ist, bezahlt, und verabschiedet sich dann. Nuschi ist traurig, ihn gehen zu sehen, der Junge ist irgendwie süß.

Tom läuft ein Stück die Straße runter, und versteckt sich in sicherer Entfernung zum Nagelstudio. Er ruft Robert Merburg an, um ihm mitzuteilen, was eben mit Marco passiert ist. El Chefe verspricht, sich um ihn zu kümmern. Er schimpft, dass Tom – und auch die anderen Mitarbeiter des *Observierers* – die Mörkel immer noch nicht gefunden haben. Dann wiederum erzählt er stolz, dass heute Morgen an vielen Kiosken der *Observierer* im Nullkommanichts ausverkauft war. *Na, wenigstens das*, denkt sich Tom und wartet, bis Nuschi Feierabend hat. Als sie aus dem Nagelstudio kommt, folgt er ihr heimlich zu ihrer Wohnung. Es dauert nicht lange, da sieht Tom Johannes Mörkel am Küchenfenster vorbeigehen. Bingo.

18 Der Allmächtige schickt einen Engel

Es ist immer noch Samstagnachmittag. Mimmy klopft an Angelika Mörkels Tür.

»Frau Kanzlerin?« Mimmy versucht so leise wie möglich zu sein. »Hören Sie mich?«

Angelika Mörkel macht die Tür einen Spalt breit auf. »Ja?«

»Ihnen ist doch bestimmt langweilig. Sollen wir was zusammen kochen?«

Angelika Mörkel ist es tatsächlich langweilig. Vorhin hat sie die Zeit damit verbracht, ihrer Mutter einen Brief zu schreiben, dass es ihr gut gehe und sie sich keine Sorgen machen müsse. Ihr Handy sei kaputt, daher der Brief. Der Bandscheibenvorfall sei nicht schmerzhaft, sie müsse halt ausruhen und melde sich nächste Woche wieder. Mit »Herzlichst, deine Angelika« hat sie den Brief unterschrieben. Sie hat ihn in einen Umschlag gepackt (den hat sie zum Glück in ihrer Tasche gefunden) und versiegelt. Nun braucht sie nur noch eine Briefmarke. Und einen Postboten, der den Brief einschmeißt.

Angelika Mörkel sitzt schon über eine Stunde gelangweilt und vor allem traurig da. Sie ist sauer, weil Johannes sich immer noch nicht bei Werner Knauf gemeldet hat, ihr bis jetzt nichts ausrichten ließ oder mal fragt, wie es ihr geht. Nichts. Sie ist deprimiert und fühlt sich irgendwie verstoßen. *Mimmy ist wirklich eine reizende Person, dass sie hier nach mir schaut, sich ein bisschen kümmert.*

»Ja gerne, ich bin zwar keine große Köchin, aber wenn Sie mir sagen, was ich machen soll, dann ist es bestimmt okay. Ach, und übrigens«, fügt

Angelika Mörkel hinzu, »bitte sagen Sie du zu mir. Ich bin die Geli.«

Angelika Mörkel ist sonst nicht die Erste, die anderen das Du anbietet, aber bei Mimmy, die so fürsorglich ist und so eine sympathische Art hat, macht sie eine Ausnahme.

»Prima, das gilt auch für dich: ich bin Mimmy!« Und so marschieren die beiden Frauen in die Küche und durchkramen den Kühlschrank.

»Mmmh, ich glaub ich geh noch mal einkaufen, da ist gähnende Leere. Was würdest du denn gerne essen, Geli?«

»Kannst du Königsberger Klopse?«

»Na klar kann ich das! Hab das beste Rezept aller Zeiten! Von Leih-Oma Leni, die uns damals so freundlich aufgenommen hat, als wir aus Laos geflüchtet sind. Sie hat mir alle leckeren deutschen Gerichte gezeigt. So bin ich deutsch geworden – durchs Essen! Als ich das erste Mal Schnitzel gegessen habe, konnte ich plötzlich die deutsche Nationalhymne!« Mimmy zwinkert Angelika Mörkel zu, die kurz braucht, bis sie den Witz versteht.

»Dann gehe ich jetzt noch mal einkaufen. Hieraus entstehen heute keine Königsberger Klopse mehr.« Mimmy hält eine labbrige Möhre hoch. »Ich brauch' nicht lange.«

»Könntest du für mich bitte einen Brief einwerfen?«

»Na klar, ich nehme ihn mit.«

Als Mimmy weg ist, nimmt sich Angelika Mörkel Marks iPad und spielt Solitaire. Eine dreiviertel Stunde später hört sie Gepolter draußen im Treppenhaus. Das muss sie sein. Tobi wollte ja erst heute Abend wiederkommen. Angelika Mörkel macht die Tür einen Spalt breit auf, doch nicht Mimmy kommt da die Treppe herauf, sondern Herr

Nachbar-stell-den-Müll-hier-nicht-ab Hermann Klotzer. Er ist mit einer schweren Einkaufstüte bepackt. Irgendwie läuft er nicht normal, er ist vornübergebeugt, hält sich die Brust und stöhnt laut. Angelika Mörkel bekommt ein ungutes Gefühl. Da stimmt doch was nicht. Sie tritt raus in den Flur.

»Alles okay bei Ihnen?«

Hermann Klotzer antwortet nicht. Er hält sich die Brust, sinkt zu Boden und fängt an zu röcheln. *Oh mein Gott,* schießt es Angelika Mörkel durch den Kopf, *der Mann hat einen Herzinfarkt! Was mach ich denn jetzt?* Sie rennt auf Hermann Klotzer zu, beugt sich über ihn und dreht ihn auf den Rücken. Als er sie sieht, reißt er weit die Augen auf, schnappt nach Luft. *Da kämpf ich um mein Leben, der Allmächtige kommt mich holen, und was macht er? Er schickt mir einen Engel, der wie die Bundeskanzlerin aussieht ... Das ist doch jetzt nicht dein Ernst! Hättest du mir nicht eine Iris Berben oder Helene Fischer schicken können? Für welche Sünden bestrafst du mich?*

Angelika Mörkel reißt Hermann Klotzer das Hemd auf, setzt ihren Handballen dort auf, wo sie es im Erste-Hilfe-Kurs vor dreißig Jahren gelernt hat und versucht, Hermann Klotzers Herz wieder schlagen zu lassen. Er bekommt keine Luft, und so macht sie Mund-zu-Mund-Beatmung. Das gibt Hermann Klotzer den Rest – es wird schwarz um ihn.

19 Eine ungewöhnliche Pflegerin

Drei Tage vergehen, es ist Dienstag. Bei Mark in der WG.

»Na du, vermisst du dein Herrchen?« Angelika Mörkel krault einfühlsam Dackel Krümel, der traurig dreinblickt und den Kopf gesenkt hält. Seit das mit dem Herzinfarkt passiert ist, wohnt er bei Mark, Mimmy und Tobi und manchmal auch bei Angelika Mörkel. Sie muss ja die meiste Zeit des Tages in ihrem Zimmer bleiben, aber wenn Tobi nicht da ist, dann darf auch sie mit Krümel schmusen.

»Morgen kommt dein Herrchen aus dem Krankenhaus.« Angelika Mörkel streichelt Krümel über den Kopf, er schaut sie treuherzig an. »Na, freust du dich?«

Sie hört die Haustür zuschlagen. Tapser sind im Flur zu hören. Es ist Mimmy. »Na, wie geht's ihm?«

»Naja, er ist halt noch sehr schwach. Kann kaum alleine aufstehen.«

»Und wer kümmert sich nun um ihn?«

»Der Pflegedienst kommt morgens und abends zum Waschen und Umziehen. Das war's dann aber.« Mimmy zuckt mit den Schultern, sie hat ein großes Fragezeichen im Gesicht. Seit dem Infarkt am Samstag ist sie jeden Tag zu Hermann Klotzer in die Klinik gefahren, hat sich um ihn gekümmert und Dackel Krümel zu ihnen in die WG genommen. Es stellte sich heraus, dass Hermann Klotzer keinerlei Verwandte hat. Niemand außer Mimmy und Mark kam ihn besuchen. Das heißt aber auch, dass sich niemand um ihn daheim kümmern wird, wenn das

Krankenhaus ihn entlässt. Und Geld hat er auch keins, um sich eine Pflegekraft anheuern zu können. Bleiben also nur Mimmy und Mark. Tobi kann man vergessen, er hat einfach keine soziale Ader. Mark studiert tagsüber, muss seine Bachelorarbeit bald abgeben, und abends kellnert er manchmal in einem Restaurant. Zum Glück nur an drei Abenden der Woche. Und Mimmy hat im Januar eine Ausbildung beim RBB zur Kamerafrau begonnen, sie ist ebenfalls ziemlich eingespannt.

»Ich weiß nicht, wie wir das machen sollen. Mark hat noch zwei Wochen bis zur Abgabe, und ich muss von 9 bis 18 Uhr ins Studio. Wer schaut nach Herrn Klotzer in der Zeit, in der kein Pflegedienst da ist?« Mimmy ist ratlos.

»Ich werde es machen.«

Angelika Mörkel tritt einen Schritt vor. Die beiden Frauen schauen sich eine Weile an. Angelika Mörkel grinst irgendwann, aber Mimmy findet das alles gar nicht komisch. Sie hat Angelika Mörkel ins Herz geschlossen, sie will nicht, dass was passiert.

»Es ist zu riskant, Geli. Es ehrt dich, dass du ihm helfen willst, wirklich lieb von dir. Aber wenn Herr Klotzer irgendwas ausplappert, was dann?«

Es gab in den letzten Tagen einen regelrechten Sturm der medialen Entrüstung, darüber, dass Angelika Mörkel nach dem Steuerskandalbericht am Freitag immer noch nicht vor die Kameras getreten sei, sich nicht *einmal* gezeigt habe. Gleichzeitig begann eine Hetzjagd auf Mörkel, ganz nach dem Motto: Wer findet sie wohl als erstes? Denn allen ist klar, dass sie eben nicht zuhause auf dem Sofa liegt, dieser Bandscheibenvorfall nur vorgeschoben wird, als Ausrede dient, damit Angelika Mörkel der Öffentlichkeit nicht Rede und Antwort stehen muss. Es kursierten Gerüchte, dass private Fernsehsender demjenigen einen sechsstelligen Betrag zahlt, der einen Hinweis liefert, wo sich Frau Bundeskanzlerin aufhält.

»Ach was, Mimmy, wir sagen ihm, er muss den Mund halten, und dann macht er das auch. Ich hab ihm schließlich das Leben gerettet, ich hab was gut bei ihm.«

Angelika Mörkel greift Mimmy an beiden Armen, drückt sie ein bisschen. Sie aber schüttelt nur den Kopf. Geli glaubt halt an das Gute im Menschen. Dafür mag Mimmy sie gern – und weil Geli so eine liebe soziale Art hat, sehr interessiert an ihrem Gegenüber ist, bei einem Gespräch immer konzentriert wirkt, sie ausgesprochen intelligent und vielseitig interessiert ist. Das zumindest ist Mimmys Eindruck nach drei Tagen WG-Leben mit der deutschen Bundeskanzlerin. Ja, es stimmt, die beiden liegen auf der gleichen Wellenlänge, lachen zusammen, quatschen – über Gott und die Welt. Wörtlich, denn Gott hat für Mimmy eine große Bedeutung, sie fand aber bisher kaum jemanden, mit dem sie über ihren Schöpfer sprechen konnte. Gespräche über Gott sind »out« bei den Freunden ihres Alters. Aber bei ihrer neuen Freundin Angelika findet sie bei diesem Thema immer ein offenes Ohr.
Mark ist da etwas zurückhaltender. Argwöhnisch sah er zu, wie die beiden Frauen sich anfreunden, plötzlich zusammen kochen, abends bei einer Flasche Wein stundenlang sitzen und die Welt auseinandernehmen. Angelika Mörkel ist doch sein Feindbild, alles, was sie darstellt, widerspricht seinen Prinzipien: Sie ist ihm nicht liberal genug, viel zu konservativ, viel zu antiquiert, zu wenig modern. Sie ist genau wie sein Vater – einfach nicht seine Wellenlänge, sondern miefiges Establishment. Man kann doch nicht nach so kurzer Zeit mal kurz seine

Meinung über einen Menschen ändern!

Was Mark am meisten sauer aufstößt ist, dass Mimmy ihn mehr oder weniger stehenlässt und lieber mit ihrer Geli quatscht, wenn sie mal Zeit füreinander hätten, das schmeckt ihm am allerwenigsten.

»Mimmy, jetzt gib dir einen Ruck. Wir schaffen das.« Angelika Mörkel grinst wieder über beide Ohren. Dackel Krümel scheint es ihr gleichzutun.

»Also gut, es ist deine Entscheidung. Aber sag nicht, ich hätte dich nicht gewarnt.«

20 Lieber eine von den Sozialdemokraten

Es ist der nächste Morgen, Mittwoch, gerade hat ein Krankentransport Hermann Klotzer nach Hause gebracht. Mimmy hat sich den Tag freigenommen.

»Hier entlang, hier ist das Schlafzimmer.« Mimmy zeigt den beiden Samaritern, wo sie Hermann Klotzer in seinem Rollstuhl langschieben müssen. Sie hat heute früh das Bett frisch überzogen, einen kleinen Blumenstrauß auf den Nachttisch gestellt und die Wohnung gesaugt. Dackel Krümel schläft in seinem Hundekorb in der Ecke. Er hat heute eine ganze Schlappi-Dose bekommen, nicht nur eine halbe, nein, eine ganze! Nur für ihn!

Hermann Klotzer kann nur mit Mühe aus dem Rollstuhl aufstehen und sich in sein Bett hieven. Er stöhnt, als er sich in die Kissen fallen lässt.

»So, dann gehen wir mal«, sagt der eine Samariter zum anderen.

»Danke Ihnen, meine Herren, alles Gute.« Mimmy bringt die beiden zur Tür. Hermann Klotzer hebt zum Abschied nur kurz die Hand, er ist ja ein stiller Mensch, der verbale Interaktionen auf ein Minimum reduziert.

»So, Herr Klotzer, jetzt sind wir allein.« Mimmy kommt zurück in sein Zimmer.

»Mmmh.«

»Heute Abend kommt der Pflegedienst um 18 Uhr. Morgen früh dann schon um 7.«

»Okay«, brummelte Herrmann Klotzer.

»Morgen muss ich um 9 Uhr beim RBB sein. Und ich kann da auch nicht weg, bis 18 Uhr geht das jeden Tag.« Mimmy atmet einmal tief durch. »Ich habe aber eine gute Freundin, die nach Ihnen schauen wird. Sie wohnt für einige Tage in unserer WG.«

Gerade hat er sich an Mimmy gewöhnt, da soll gleich wieder jemand anderes nach ihm sehen? Er ist trotzdem dankbar. Hermann Klotzer hat Glück, dass überhaupt jemand da ist, um ihm eine Suppe zu kochen oder aufs Klo zu helfen. Ohne Hilfe würde er alt aussehen.

»Meine Freundin ist eine besondere Person ...« Mimmy setzt sich zu Hermann Klotzer ans Bett und schaut ihn eindringlich an. »Ich möchte, dass Sie sie nett behandeln und es für sich behalten, dass sie sich um Sie kümmert. Darauf möchte ich ihr Wort.«

Diese Freundin muss ja ein VIP ersten Grades sein, so ein Theater macht Mimmy, denkt sich Hermann Klotzer und fragt nach einem Glas Wasser.

»Bitteschön.«

Er trinkt aus, und Mimmy redet weiter. »Ich werde meine Freundin rüberholen, damit Sie sie kennenlernen können. Bevor ich das aber mache, will ich Ihr Ehren-Ehren-Ehrenwort, dass Sie keinem – aber auch wirklich niemandem – mitteilen, wer Sie hier betreut.« Mimmy macht eine kurze Pause. »Haben Sie mich verstanden?«

»Ist ja gut, was ein Theater ...«

»Es ist mir, es ist meiner Freundin wichtig. Sie ist nicht irgendwer.«

»Fräulein Mimmy, man könnte meinen, sie schicken mir die Kanzlerin zum Arschwischen rüber.«

Mimmy nickt. »Genau.«

Hermann Klotzer schaut Mimmy für einige Augenblicke ungläubig an. »Wie bitte?« Seine Augenbrauen kleben am Haaransatz.

»Angelika Mörkel, Sie haben es erraten. Sie wohnt gerade nebenan.«

Mimmy steht auf und läuft rüber in die WG. »Geli?«, ruft sie in die Wohnung hinein.

»Mach gerade die Wäsche, was ist denn?«, hört sie Angelika Mörkel aus dem Bad rufen.

»Geli, komm mal kurz mit rüber zu Herrn Klotzer. Er will dich kennenlernen.«

Angelika Mörkel taucht mit einem Wäschekorb unterm Arm im Flur auf. »Haste ihm schon einen Hinweis gegeben?« Sie grinst schelmisch.

»Ja, aber ich glaube, er denkt, ich nehme ihn auf den Arm. Ich stell dich kurz vor, kurz und schmerzlos. Er wird's überleben.«

»Na dann mal los!« Angelika Mörkel stellt den Wäschekorb ab. Mit einem breiten Grinsen im Gesicht marschiert sie Mimmy hinterher.

»Da bin ich wieder«, ruft Mimmy Hermann Klotzer entgegen. »Ich habe Ihnen jemanden mitgebracht.«

Hermann Klotzer sitzt aufrecht in seinem Bett, man merkt ihm die Anspannung an. Als Angelika Mörkel ihren Kopf um die Ecke streckt und plötzlich in seinem Türrahmen erscheint, lässt er sich in die Kissen fallen.

»Ahhhhhh!!!!!«, schreit er aus vollem Hals. Mimmy und Angelika Mörkel zucken zusammen. Es war ja klar, dass Hermann Klotzer völlig baff sein würde, die Kanzlerin der Bundesrepublik Deutschland plötzlich an seinem Bett stehen zu haben. Diese Reaktion aber haben sie nicht erwartet.

»Oh mein Gott!«, brüllt er weiter, so laut, dass sogar Dackel Krümel hochschaut. »Es war kein Traum! Das ist wirklich passiert!!!« Er hält beide Hände über den Mund. »Angelika Mörkel hat mit mir Mund-zu-Mund-Beatmung gemacht!« Hermann Klotzer macht ein Gesicht, als müsse er gleich losweinen. Er wird kreidebleich und fasst sich ans Herz. Mimmy und Angelika Mörkel schauen sich ratlos an, sie geraten etwas in Panik, weil doch der Arzt gesagt hatte, Hermann Klotzer dürfe sich auf keinen Fall aufregen.

»Lieber Gott, warum tust du mir das an? Wofür bestrafst du mich?«, wimmert er vor sich hin.

»Sagen Sie mal, was fällt Ihnen ein!« Angelika Mörkel ist sauer. Sie macht einen Schritt auf Hermann Klotzer zu. Da rettet sie sein Leben, und das ist der Dank dafür. Ihren Unmut über seine Undankbarkeit teilt sie Hermann Klotzer deshalb auch lautstark mit. Der erschreckt sich, hat er doch nicht damit gerechnet, so angefahren zu werden.

»Sie können froh sein, wenn sich hier überhaupt jemand findet, der sich um Sie kümmert!«

Das ist richtig. Es ist in keinster Weise selbstverständlich, dass eine fremde Person ihre Zeit damit verbringt, ihn zu pflegen.

»Ich komme morgen um acht, ob es Ihnen passt oder nicht.« Beleidigt verschränkt Angelika Mörkel die Arme, schaut Hermann Klotzer vorwurfsvoll an. Sie fühlt sich an das Gespräch mit dem griechischen Finanzminister vor ein paar Jahren erinnert, als der versuchte, sie von einer Griechenlandreise abzuhalten, sie aber darauf bestand, persönlich mit dem Chef des Athener Finanzministeriums zu sprechen, um Einblick in dessen Bücher zu erhalten. Manchmal muss man sich einfach durchsetzen. Blödmann.

Hermann Klotzer liegt zusammengesunken da, ihn plagt ein schlechtes Gewissen. Er hätte wirklich anders reagieren können. Aber Kanzlerin Mörkel hier stehen zu haben, er völlig hilflos, und dann wird sie auch noch seine Pflegekraft – das ist einfach zu viel. »Entschuldigen Sie bitte.«

Angelika Mörkel dreht sich beleidigt weg und will gehen.

»Es tut mir leid«, versucht er es erneut. Er möchte ihr die Wahrheit sagen. »Sie müssen wissen, dass Ihre Mund-zu-Mund-Beatmung wohl das letzte Mal in meinem Leben war, dass mich eine Frau küsst. Und dass es Sie sein würden, nun, ich habe mir das anders vorgestellt.«

Angelika Mörkel schaut zu Hermann Klotzer hinunter, wie er traurig zu ihr hochschaut. Und da bricht es aus ihr heraus. Sie muss einfach nur lachen. Sie lacht und lacht und steckt alle an. Nicht lange, und Mimmy laufen die Tränen, Hermann Klotzer wippt auf seiner Matratze auf und ab.

»Es tut mir leid, dass ich … nicht Iris Berben …bin ...« Angelika Mörkel bringt die Worte kaum raus. »Oder eine von den Sozialdemokraten …« Über diesen Witz muss sie so sehr lachen, dass sie sich setzen muss. Dackel Krümel nutzt die Gelegenheit und springt Angelika Mörkel auf den Schoß. Er schleckt ihr von unten bis oben einmal herzhaft übers Gesicht. Das bringt alle noch mehr zum Lachen, und damit ist dann auch das letzte Fünkchen Anspannung zum Fenster rausgeflogen.

»Ich sehe Sie morgen, Herr Klotzer.« Angelika Mörkel hebt die Hand zum Gruß. »Punkt 8 Uhr beginnt meine Schicht.«

Hermann Klotzer findet sein besorgtes Gesicht wieder. Er hat zwar eben mitgelacht, aber genau genommen ist nichts witzig daran, eine Kanzlerin fragen zu müssen, ob sie einem aufs Klo hilft. Es ist irgendwie beschämend. Aber er hat ja keine Wahl.

»Ja, bis morgen dann.«

Mimmy und Angelika Mörkel gehen gackernd zurück in die WG. Sie schließen die Türe auf, laufen polternd in die Wohnung. Keinem fällt auf, dass Tobi mit fragendem Blick neben dem Wäschekorb steht und eine gepunktete Damenunterhose hochhält, die offensichtlich weder ihm, noch Mark oder Mimmy gehört.

»Was ist das denn hier auf meiner Sporthose?«, fragt er angewidert und bemerkt dann erst die Frau neben Mimmy.

»Ach, die gehört mir.« Angelika Mörkel hat vom vielen Lachen einen Schluckauf. Tobi lässt den Schlüpfer fallen, als habe er eine heiße Kartoffel angefasst.

»Ist das die angebliche Praktikantin???«

»Ach herrje.« Mimmy lässt die Schultern plumpsen, atmet einmal tief durch. Was soll's. »Tobi, darf ich vorstellen ...«

Zehn Minuten später hat Tobi schon drei Gläser Jägermeister getrunken, zur Beruhigung.

21 Aus die Maus

Während sich in der Kreuzberger WG ein Saufgelage anbahnt, sitzt Johannes Mörkel angespannt in Köpenick bei Nuschi auf dem Sofa.

»Ich will zurück in meine Wohnung können.« Verärgert knallt Johannes Mörkel eine Zeitschrift auf den Couchtisch.

»Aber Schatzilein, das ist keine gute Idee. Zu viele Reporter, du 'ast es selbst gesagt.« Nuschi krault Johannes Mörkel den Rücken, doch ihn nervt das.

»Ich ruf jetzt Geli an, vielmehr ihren Pressefutzi. Mir reicht's jetzt.« Seit Tagen sitzt Johannes Mörkel in Nuschis Wohnung rum, traut sich nicht zur Arbeit. Seine Sekretärin sagte ihm, es kämen ständig Anrufe von Journalisten, und Übertragungswagen stünden draußen im Hof. Johannes Mörkel nimmt sein Handy und wählt die Nummer von Werner Knauf. Es nimmt ein gehetzt wirkender Pressesprecher ab.

»Ja bitte?«

»Johannes Mörkel hier. Hallo Werner.«

»Ähm, hallo, ja ähm, wie geht's dir?«

»Nicht so prickelnd, und dir? Was gibt es Neues?«

»Naja«, Werner Knauf holt tief Luft. »Ich habe mit der Staatsanwaltschaft seit heute früh nicht gesprochen, bin also nicht auf dem aktuellsten Stand. Heute Morgen jedenfalls war es noch nicht final bestätigt, aber es sieht so aus, als sei Angelikas Unterschrift auf der Kontoeröffnung tatsächlich echt ...« Er holt erneut tief Luft. »So wie's im

Observierer steht.«

Na super, wie kommen wir nur aus diesem Schlamassel wieder raus ...? Johannes Mörkel fährt sich verzweifelt durch die Haare. Nuschi streichelt ihm mitfühlend über den Kopf.

»Kann ich kurz mit Geli sprechen?«

»Jetzt? Es ist 20 Uhr, ich komm gerade heim, Sabine hat gekocht ...«

»Es dauert auch nicht lange.«

»Na gut. Bleib dran. Wir machen eine Telefonkonferenz.« Werner Knauf wählt die Nummer seines Sohnes. Der geht erst nach ein paar Mal Klingeln ran. Es ist laut im Hintergrund.

»Hallo Mark, hast du kurz Zeit und kannst Geli, ähm Mimmy ans Telefon holen? Ich habe ihren Mann dran.«

Mark hat null Bock, mit seinem Papa zu sprechen. Aber was soll er machen? »Ja, sie sitzt hier bei mir.« Er schaut zu Angelika Mörkel und Mimmy rüber, wie die beiden lautstark ein Ratespiel spielen, wo der eine eine Filmszene nachstellt und der andere raten muss, um welchen Film es sich handelt. Gerade ist Angelika Mörkel dabei, die Ich-bin-doch-keine-Frau-Szene in dem Film *Tootsie* nachzuspielen, als Mark ihr das Telefon hinhält.

»Ich bin Edward Kimberley. Edward Kimberley. Und ich bin keinesfalls geisteskrank, sondern stolz und glücklich und stark genug, um wirklich die Frau zu sein, die der beste Teil meiner Männlichkeit war. Der beste Teil meiner selbst.«

»Ich weiß es!«, brüllt Mimmy. »Tootsie!«

Beide fangen an zu lachen. Angelika Mörkel schnappt sich das Telefon, sie lallt schon ein bisschen. »Hallo, wer ist denn da?« Mimmy wirft sie noch kurz ein »richtig geraten« hinterher und grinst.

»Hier ist Jo.«

Angelika Mörkel bleibt kurz die Sprache weg. Johannes Stimme zu hören, damit hat sie überhaupt nicht gerechnet. »Hallo.«

»Du scheinst dich ja zu amüsieren. Wieso bist du unter Leuten?«

Angelika Mörkel geht mit dem Telefon in ihr Zimmer. Im Hintergrund ist Tobi zu hören – nach mehreren Magenbittern ist er wesentlich entspannter –, wie er eine Szene aus einem der Harry-Potter-Filme nachspielt.

»Das sind die jungen Leute, die hier in der WG wohnen: Mimmy, Mark und Tobi.«

»Ich dachte, nur einer weiß von dir.«

»Tja, das hat nicht so geklappt, wie wir es uns erhofft haben. Ich bin denen dann doch irgendwann mal über den Weg gelaufen.«

»Na toll, dann dauert's ja nicht mehr lange, und die Presse weiß, wo du bist.«

»Das glaube ich nicht, die sind alle total nett.«

Jetzt wird Johannes Mörkel sauer. »Geli, falls du es nicht mitbekommen haben solltest, auf dich ist eine Hetzjagd angesetzt worden, die ihresgleichen sucht. Machst du die Glotze auch manchmal an und siehst, was da passiert?«

Angelika Mörkel hat tatsächlich seit Freitag, bevor das mit dem Herzinfarkt passierte, nicht mehr Nachrichten gesehen. Irgendwie saß sie jeden Abend mit Mimmy zusammen, und die beiden plauderten bis spät. Dann war ja Wochenende, da war auch keine Zeit, und als dann die Woche wieder begann, da hat sie tagsüber ewig lang Playstation gespielt, einen tollen Roman gelesen, einige Bauch-Beine-Po-Videos auf Mimmys iPad geschaut und mitgemacht und der Bude einen Frühjahrsputz verpasst (jetzt ist die WG nicht mehr versifft). Sie hat die ganze Abstellkammer ausgemistet, Müsli mit Ablaufdatum von vor zwei Jahren weggeworfen, die Regale abgestaubt, die Fenster geputzt (da hat sie sich eine Tarnkleidung für angelegt, für den Fall der Fälle), mal unterm Sofa gesaugt, die Türen abgewischt – was man halt so macht, wenn's einem langweilig ist. Außerdem hatte sie keine Ahnung, wie der Fernseher angeht. Sie hatte auch keine Lust, fernzusehen. Sie wollte einfach mal *nicht* wissen, welches Chaos auf der Welt herrscht, sich einfach mal ausklinken.

»Du must mich ja nicht gleich so anfahren. Glaubst du, ich habe Lust, hier festzusitzen?«

Und dann kommt es ihr. Das stimmt gar nicht. Angelika Mörkel fühlt sich in der WG sehr wohl, sie genießt die interessanten Gespräche, die sie hier führt, sie bewundert die Leichtigkeit, mit der Mimmy, Mark und Tobi jeden Tag zur Tür hinausgehen, ihre Überzeugungen, wie sie alle mit viel Passion für das eintreten, an das sie glauben. Vor allem die Herzlichkeit untereinander, die findet sie am schönsten. Mimmy, Mark und Tobi sind sehr enge Freunde, und dass sie auch noch alle drei zusammenwohnen – wie glücklich sie sich schätzen können. Angelika Mörkel beneidet sie so sehr darum, dass es fast weh tut. Sie räuspert sich. »Ich nehme das zurück. Ich muss sagen, dass ich mich hier sehr wohl fühle. Ich komm endlich mal zum Nachdenken. Es war Mimmy, die mir die Augen geöffnet hat. Sie hat mir die Geschichte ihrer Mama erzählt, wie sie sich abgeschuftet hat für die ganze Familie und nie an sich selbst dachte. Ich glaube, ich habe das genauso gemacht, nur, dass ich nicht mich allein, sondern uns dabei vergessen habe.«

Nach einer kurzen Pause – auch Johannes Mörkel ist ganz still – fügt sie hinzu: »Weißt du noch, als du mir bei unserer ersten Verabredung den Kaffee über den Ärmel geschüttet hast und dir das so peinlich war? Du hast versucht, ihn wegzuputzen. Wir kamen uns ganz nah. Ich hätte mein Leben gegeben, dich in dem Moment küssen zu dürfen, aber du hast dich weggedreht. Ich musste sechs lange Wochen warten, bis du mich zum ersten Mal geküsst hast. Jeder Tag war wie ein Jahrhundert für mich. Ich habe mich in dich verknallt, eine Millisekunde, nachdem ich dich das erste Mal sah. Für mich hat die Erde gebebt. Ich war sofort verloren. Ich liebe dich, Johannes. Lass uns wieder zueinanderfinden. Lass es uns noch mal versuchen.«

Johannes Mörkel ist ganz still. Er will eigentlich nur wissen, wie es jetzt weitergehen soll, wann seine Frau aus der Deckung kommt und sie endlich zusammen die Steuerhinterziehungsvorwürfe aus der Welt räumen. Die Staatsanwaltschaft scheint ja nicht in die Pötte zu kommen, da müssen sie selber ran. Er hat keine Lust mehr, Versteck zu spielen, nicht zur Arbeit zu können. Er will endlich mit der Wahrheit herausrücken, er war von Anfang an gegen die Heimlichtuerei. Aber aus Respekt gegenüber seiner Frau und der Verantwortung, die sie trägt, hält er sich zurück. Schon so viele Jahre lang. Immer nimmt er Rücksicht, spielt die zweite Geige. Nun ist sein Maß voll. Er kann nicht mehr.

»Ich kann nicht mehr, Geli.«

»Gib jetzt nicht auf, Johannes«, fleht Angelika Mörkel. »Wir sind doch ein super Team!«

»Ich kann nicht anders. Ich will, dass du ehrlich mit deinen Wählern bist. Und auch mit mir. Zürich hat nicht geklappt. Es tut mir leid, du weißt, du bist mir sehr wichtig. Ich habe es versucht. Wir hatten eine tolle Zeit, Geli, ich war immer für dich da. Aber – und das ist die Wahrheit, das haben mir die vergangenen Tage gezeigt – ich liebe einen Mann. Sie heißt Nuschi.«

Angelika Mörkel hätte am liebsten laut geschrien. Innerlich zerfällt sie in tausend Stücke. Ihre Welt wird schwarz, es ist das schlimmste Gefühl ihres Lebens.

»Du bist verliebt? In jemand anderes? In einen Mann? Was soll ich dazu sagen«, schluchzt sie.

»Ja, so ist es.«

»Seit wann?« Tränen laufen Angelika Mörkel das Gesicht herab.

»Ich kenne Nuschi schon eine Weile.«

»Wieso gibt es Menschen auf dieser Welt, die Nuschi heißen?«

»Das ist ihr Spitzname. Sie oder vielmehr er heißt Paul.«

Angelika Mörkel weint leise ins Telefon. »Weißt du, ich habe mich so bemüht, uns zu retten.«

»Das weiß ich. Es tut mir umso mehr leid.«

»Habe ich den Kampf wirklich verloren?«

»Es war nie ein Kampf, Geli. Du hast nichts falsch gemacht. Ich bin so geworden, weil ich es geworden bin. Das hat mit dir nichts zu tun. Es tut mir leid. Ich wollte dich nie enttäuschen, und jetzt muss ich es auf so brutale Art tun.«

Angelika Mörkel ist plötzlich unendlich müde. Ihre Arme sind bleischwer. Sie fühlt sich, als sei alle Lebensenergie verflogen. »Heißt das, es ist vorbei, Johannes?«

»Ja, ich glaube schon.«

»Du glaubst?«

»Nein, ich weiß natürlich.«

»Ich werde dich immer lieben.« Angelika Mörkel bekommt nur noch ein Flüstern heraus.

»Ich werde morgen in die Wohnung fahren und meine Sachen packen. Journalisten hin oder her.« Johannes Mörkel macht eine Pause. »Wir hätten von Anfang an einfach die Wahrheit sagen sollen. So sehr es dich schmerzt. Ich hätte damit leben können, aber du wolltest ja nicht. Jetzt kann ich nicht länger warten. Adieu, Geli, ich wünsch dir Glück.«

Angelika Mörkel legt wortlos auf. Sie steht einige Minuten regungslos in ihrem Zimmer und torkelt dann hinaus in die Küche. Es tut alles so weh, ihr Herz gibt ihr einen Stich nach dem anderen. Es ist kaum auszuhalten. So viele Ehejahre sind plötzlich vorbei. *Und dann hat er auch noch am Telefon Schluss gemacht!*

Schluchzend läuft sie raus in den Flur. Mimmy sieht sie als erstes, springt ihr entgegen und nimmt sie fest in den Arm. Und als hunderte Tränen geflossen sind, da lässt Angelika Mörkel ihre Mauer einstürzen. »Ich erzähle euch jetzt die Wahrheit. Jetzt habe ich den Mut dazu. Jetzt da Johannes weg ist.«

Völlig erschöpft und mit verquollenen Augen klettert Angelika Mörkel irgendwann die Leiter zu ihrem Bett hoch und schläft ein. Sie wacht erst auf, als es schon nach zehn Uhr am nächsten Morgen ist.

22 Es ist zum Heulen

Bei Hermann Klotzer in der Wohnung. Es ist Donnerstag früh.

»Ich liege schon seit zwei Stunden hier alleine herum.« Hermann Klotzer hört die Haustür ins Schloss fallen und motzt gleich los. Eine völlig verquollene Angelika Mörkel kommt in sein Schlafzimmer.

»Sie sehen ja fertig aus ...«

Angelika Mörkel lässt sich auf einen Stuhl fallen. »Das bin ich auch, war eine schlimme Nacht.« Sie ist immer wieder aufgewacht, hat nachgedacht, geweint.

»Haben sich wohl keinen Wecker gestellt.«

»Vergessen.«

»Nun, ich könnte einen Schluck Apfelsaft vertragen.«

Angelika Mörkel schlappt wortlos in die Küche und macht ein Glas Apfelsaftschorle. Sie geht zurück zu Hermann Klotzers Bett und setzt sich ans Fußende. Sie vergräbt den Kopf in ihren Händen.

»Ihnen ist wohl eine Laus über die Leber gelaufen.«

Angelika Mörkel antwortet nicht.

»Ärgern sich wohl, dass Sie nicht noch mehr Geld in die Schweiz gekarrt haben.«

Das hätte Hermann Klotzer lieber nicht sagen sollen. Wie in Zeitlupe steht Angelika Mörkel auf und tritt an sein Bett. Hermann Klotzer bekommt Angst. Er hat ein Déjà-vu, die Situation neulich mit dem Kanzlerinnen-Beatmungs-Versuch. Doch Angelika Mörkel hält einige Zentimeter vor seiner

114

Nase inne und sagt dann ganz leise: »Noch so eine Frechheit, und Sie können sehen, wer Ihnen den Arsch wischt …«

Angelika Mörkel weicht langsam zurück und setzt sich wieder. Sie ist fast ein bisschen stolz auf sich, denn sie hatte ihre rechte Hand unter Kontrolle. Keine Ohrfeige ausgeteilt – gut gemacht. Vor wenigen Tagen noch hätte es eine gesetzt.

Hermann Klotzer sammelt all seinen Mut, holt tief Luft und gibt ihr Kontra. Denn was er zu sagen hat, kann er einfach nicht auf sich sitzen lassen. »Eine Frechheit ist es, wie Sie Geld am Steuerzahler vorbeischleusen, und arme Säcke wie ich, die jahrelang Steuern zahlen und sich nichts zu Schulden kommen lassen, die hocken da und finden keinen Job mehr, sind abgestempelt und plötzlich irrelevant. Müssen von ein paar hundert Euro leben, es reicht gerade so. Und was ist mit Ihnen? Wenn Sie zurücktreten oder rausgeschmissen werden, dann bekommen Sie trotzdem 'nen goldenen Handschlag oder lebenslang Rente. Wegen Ihren Verdiensten am Deutschen Volk. Pah! Das finde ich verbrecherisch!«

Angelika Mörkel sitzt wie ein Häufchen Elend da.

»Ich sollte Sie eigentlich anzeigen. Oder *RTL* anrufen, das wäre Gerechtigkeit. Ja, Sie müssen gar nicht so gucken, ich weiß, was Sie heutzutage wert sind. Die *Bild*-Zeitung hat gestern ausführlich darüber berichtet.« Hermann Klotzer zieht eine Zeitung aus seiner Nachttischschublade und hält sie Angelika Mörkel hin. Sie kann es nicht fassen: Ein Redakteur hat inkognito einen Privatfernsehsender nach dem anderen abgeklappert und gefragt, was sie denn zahlen würden, wenn er den Aufenthaltsort der Kanzlerin ausplaudern würde. Es sind Kopfgelder ausgesetzt, so hoch, da wäre ein kleines Eigenheim mit Grundstück am Stadtrand finanziert. Einen Moment lang überlegt Angelika Mörkel, ob man auch ihr das Geld auszahlen würde, würde sie sich selbst verpfeifen. Doch sie verwirft den Gedanken schnell wieder.

Angelika Mörkel ist also für Hermann Klotzer der Sechser im Lotto. Sie schüttelt den Kopf. »Rufen Sie an, rufen Sie an, mir ist es egal. Machen Sie nur.« Sie bekommt plötzlich so eine Wut, dass sie Hermann Klotzer aus dem Bett ziehen und ihn im Rollstuhl zu seinem Festnetztelefon im Flur rollen will. »Mir ist es egal, holen Sie sich das Geld, verpetzen Sie mich. Ich habe nichts zu verlieren … nichts … nichts mehr …«

Hermann Klotzer will aber nicht in seinen Rollstuhl, und er will auch nicht irgendwo anrufen.

»Seien Sie nicht doof, Herr Klotzer!« Angelika Mörkel wird schrill. »Sie haben dann ausgesorgt. Los, rufen Sie an!«

Doch als Hermann Klotzer wieder nicht aufstehen will, da bricht sie zusammen und weint. Hermann Klotzer sieht ihr zu und wartet einfach ab. Irgendwann nimmt er ein Taschentuch aus seiner Schlafanzugtasche und hält es Angelika Mörkel hin. Die schnäuzt laut hinein. Hermann Klotzer kramt in seinem Nachttisch und holt ein Werther's Original Bonbon heraus.

»Das heilt alle Wunden.«

Angelika Mörkel nimmt das Bonbon und packt es langsam aus.

»Kann das Ding auch eine alte Liebe reparieren?«, schluchzt sie.

Hermann Klotzer überrascht die Frage. »Das weiß ich nicht. Ich war nie verliebt.«

»Sie wollen mir sagen, Sie haben nie einen anderen Menschen geliebt? Das glaube ich Ihnen

116

nicht.«

»Habe ich nicht. Ein Mädchen, für das ich mich interessierte als ich 17 war, wollte 'nen anderen. Das hat mir die Frauen irgendwie verdorben. Und so blieb ich immer allein.«

»Hätten ja schwul werden können ...«

Hermann Klotzer schüttelt entrüstet den Kopf. »Nein, das ist nichts für mich. Ich hab Krümel, er reicht mir. Ich finde Menschen sowieso schwierig.«

Angelika Mörkel schaut zu dem Dackel rüber, wie er seelenruhig in seinem Körbchen schläft. Und wie aus dem Nichts vermisst sie ihren Kater Konrad, der allein zuhause bei der Haushälterin sitzt. Katerchen ist – wenn sie es genau betrachtet – der beste Mann von allen. Oh, wie sie alles geben würde, jetzt mit ihm schmusen zu können. *Warum sitze ich überhaupt hier, warum bin ich nicht zuhause? Warum habe ich nicht den Mut und erzähle den Medien, was wirklich los ist? Warum bin ich nur so ein Feigling ...* Und weil kein Reporter anwesend ist, nimmt Angelika Mörkel all ihren Mut zusammen und erzählt Hermann Klotzer – so wie gestern Abend Mimmy, Mark und Tobi – alles: von Johannes, von Zürich, von dem Betrug. Und am Ende fühlt sie sich leer und kaputt, wie ein zerplatzter Ballon. Aber irgendwie auch froh und erleichtert.

»Da haben Sie's. Das ist meine Geschichte.«

»Das hätte ich nie von Ihnen gedacht, Frau Kanzlerin.«

Die Kanzlerin hebt fragend die Augenbrauen.

»Dass Sie wegen so etwas alles aufs Spiel setzen.«

»Ich habe alles über mich ergehen lassen. Um Johannes und mich zu schützen. Unsere Ehe zu retten. Und nun habe ich ihn trotzdem verloren. Ich bin für ihn an die Macht gekommen, ich wollte seinetwegen Kanzlerin werden. Jetzt hat nichts mehr Bedeutung für mich. Von mir aus, soll doch jemand anderes regieren.«

Angelika Mörkel fängt wieder an zu weinen, weil sie an Johannes denken muss, aber auch, weil Vizekanzler Sigmund Michael bei ihrem Rücktritt Kanzler werden würde. Der Gedanke ist wirklich zum Heulen.

»Frau Bundeskanzlerin, ich müsste jetzt mal aufs Klo.«

Angelika Mörkel fängt sich wieder. »Reicht der Pipi-Becher?«

»Diesmal nicht.«

»Also gut, kommen Sie.« Sie legt Hermann Klotzers rechten Arm um ihre Schulter, hievt ihn in den Rollstuhl. »Es ist nicht das erste Mal, dass ich mich um die Scheiße anderer Leute kümmere.«

23 Geburtstagsvorbereitungen

Es ist Freitag, und Tobi hat Geburtstag. Er wird 25, das muss man ordentlich feiern.

»Geli, ich geh nach der Uni noch kurz einkaufen. Brauchst du noch was? Zahnpasta, Shampoo, Kniestrümpfe?« Tobi ist in Eile und will los.

»Geh du mal, ich brauche nichts, danke. Ich spüle schon mal alle Teller und Gläser ab.«

»Ok, super. Danke. Haben wir zwar bis jetzt bei keinem unserer Feste gemacht, aber passt schon. Bis später.« Tobi schnappt seinen Rucksack und ist aus der Tür hinaus.

Mark und Mimmy wollen heute etwas früher heimkommen und mit Angelika Mörkel die Überraschung aufbauen, die sie Tobi zum Geburtstag gekauft haben: einen Hängesessel! Mimmy hat ihn neulich in einem Second-Hand-Laden gefunden. Den wollen sie heute noch – noch vor der Party – an der Decke befestigen. Problem ist nur, dass weder Mark noch Mimmy handwerklich begabt sind. Eine Bohrmaschine hatte Mark zuletzt in der 10. Klasse im Werkunterricht in der Hand.

Nach ein paar Stunden kommen Mark und Mimmy heim. »Schau mal, ich habe so einen Dübel mit Haken besorgt. Der Baumarktverkäufer meinte, da komme nichts runter.« Mimmy hält stolz die Verpackung hoch.

»Ich hol die Leiter.« Mark verschwindet in der Abstellkammer. Diese Leiter ist Angelika Mörkel allzu gut bekannt.

»Jetzt fehlt nur noch die Bohrmaschine«, sagt sie. »Hier kommt sie!«

Hermann Klotzer rollt in seinem Rollstuhl durch die Eingangstür. Auf seinem Schoß liegt eine Bohrmaschine. »Frisch abgestaubt und voll einsatzbereit.« Er grinst.

»Schön, Sie hier zu sehen, endlich raus aus dem Bett!« Mimmy freut sich sehr, ihren Nachbarn so aktiv zu sehen. »Das muss der guten Pflege einer lieben Nachbarin zu verdanken sein.« Mimmy grinst und zwinkert ihrer Freundin zu.

»Ich gebe mir Mühe. So, wer hat denn nun die Ehre? Wer kann gut bohren?«

Hermann Klotzer kommt nicht in Frage. Dass er heute auf keine Leiter steigt, ist jedem klar. Mimmy hat Höhenangst und Mark keine Ahnung. Er will es aber trotzdem versuchen. »Ich hoffe, ich bekomme das hin. Wo muss ich drücken, damit es so summt?«

»Damit es summt, ich lache ja. Lass mal, ich glaube, ich mach das lieber.« Angelika Mörkel nimmt Mark das Werkzeug aus der Hand und steigt die Leiter empor. Ganz schön weit oben, bei diesen hohen Decken. Mimmy und Mark klammern sich an beide Seiten der Leiter, Hermann Klotzer gibt von unten Anweisungen. Dackel Krümel bellt aufgeregt, denn oben in schwindelerregender Höhe bohrt eine Kanzlerin um ihr Leben, der blöde Dübel will einfach nicht rein. Irgendwann ist es dann geschafft, der Schweiß läuft, und Hermann Klotzer hatte jede Gelegenheit, Angelika Mörkel unter den Rock zu schauen. Alle sind zufrieden, jetzt kann das Geburtstagskind kommen.

24 Entspann dich mal

Am gleichen Tag am Spätnachmittag bei Sebastian in der Neuköllner Wohnung. Tom ist in miserabler Stimmung.

»Ich weiß nicht, was ich machen soll.«

»Was haste denn, Alter?«

»Na die Mörkel, jetzt ist es schon eine Woche, und wir haben sie immer noch nicht gefunden. Ich nicht, keiner vom *Observierer*, auch nicht die anderen Journalisten und Paparazzi.«

»Musst halt mal außerhalb Berlins suchen«, schlägt Sebastian gelangweilt vor.

»Haben wir doch, Dorothee und die anderen waren überall, wo eine Kanzlerin untertauchen könnte. Es war aber bisher nichts. Die Frau ist wie vom Erdboden verschluckt. Und ihr Mann auch. Und mein Bauchgefühl sagt mir, sie ist nie aus Berlin weggegangen.«

»Alter, bist du 'ne Tussi? Bauchgefühl, so ein Quatsch.«

»Nee im Ernst, ich spüre das. Kannst mich für bekloppt halten. Aber die Mörkel ist nie aus Berlin rausgegangen, ich weiß es einfach.«

Sebastian zuckt nur mit den Schultern und dreht sich eine Zigarette. Tom wettert weiter. »Was mich echt wundert, ist, dass sie bisher niemand gesehen hat. Das gibt's doch gar nicht! Nicht bei den Summen, die hier kursieren.« Er tippt auf ein Exemplar der *Bild*-Zeitung.

»He Alter, ich glaub du brauchst mal eine Pause.«

Sebastian hat Recht, Tom ist langsam alles zu

viel. Er kommt keinen einzigen Schritt weiter. Voll am Arsch ist er, und er hat auch kein Bock mehr, hier bei Sebastian auf der Couch pennen zu müssen. Obwohl er ja dankbar ist um die kostenlose Bleibe.

»Heute Abend ist eine Party drüben in Kreuzberg. Ein Kumpel hat heute Birschday.« Sebastian haut Tom auf den Rücken. »Da gehen wir hin, da kommst du mal auf andere Gedanken.«

25 Es wird ausgelassen gefeiert

Die Party ist in vollem Gange an einem Freitagabend.

»Mimmy, die ersten Gäste sind schon da!« Mark klopft an seine Zimmertür. »Wann seid ihr fertig?«

»Das geht nicht so schnell …« Mimmy ist gerade dabei, Angelika Mörkel eine Perücke überzustülpen, einen Bob mit schwarzen Haaren. Die Kanzlerin ähnelt Uma Thurman aus *Pulp Fiction*, nur dass sie etwas kräftiger gebaut und kleiner ist. »Noch roten Lippenstift und ein bisschen Tusche, und kein Mensch erkennt dich.«

Dem Umstyling ging eine lange Debatte voran. Mimmy bestand darauf, dass Angelika Mörkel an der Party teilnehmen kann, indem sie sich einfach verkleidet. Mark war dagegen, er hörte förmlich die schimpfende Stimme seines Vaters, das Risiko erkannt zu werden sei einfach zu hoch. Und Tobi tat die Kanzlerin leid, hätte sie doch den ganzen Abend in ihrem engen Zimmer hocken müssen, während draußen der Bär steppt. Zwei zu eins, da wartete Mimmy nicht lange und holte ihre Verkleidungskiste hervor. Die beiden haben riesen Spaß, Angelika Mörkel eine neue Identität zu verschaffen.

»Fertig.«

Angelika Mörkel legt die Wimperntusche weg und betrachtet sich im Spiegel. *Nicht schlecht*, denkt sie. *So ähnlich ging ich vor Jahren mal auf eine Hippie-Motto-Party, so erkennt mich kein Mensch.*

Mimmy hat ihr in einem Billigladen eine bunte Hose besorgt, sich um die Perücke und die

Schminke gekümmert. Tobi, als der größte von allen, lieh ihr ein Jeanshemd. Damit ist die Tarnung perfekt.

Angelika Mörkel schleicht sich erst einmal langsam den Flur hinab, sie ist unsicher, ob heute Abend wirklich alles gutgeht. *Wäre ja ein Desaster,* denkt sie, *aber dann wiederum ist es auch nicht das Ende der Welt.* Sie holt sich etwas unsicher und schüchtern ein Bier aus dem Kühlschrank und gesellt sich zu den vielleicht zehn Gästen, die im Wohnzimmer den neuen Hängesessel bewundern. Nach drei großen Schlucken Bier ist Angelika Mörkel viel entspannter, quatscht ein bisschen hier mit, ein bisschen da, und da die Party in Berlin steigt und man ja öfter schräge Outfits sieht, wundert sich keiner über diese Frau, die so komisch gekleidet ist. Es klingelt immer wieder an der Tür. Beim vierten Klingeln stehen Sebastian und Tom auf der Fußmatte, jeder einen Sixpack unterm Arm.

»Na du, Geburtstagskind, alles Gute!«, rufen sie Tobi zu und mischen sich unter die Gäste. Nach einer Stunde ist die Bude voll, es wird getrunken und gequatscht, die Küche sieht grauenhaft aus. Kippen überall auf dem Tisch. Es riecht nach Gras. Typisch WG-Party halt.

Angelika Mörkel ist mittendrin und frei wie ein Vogel: Mal hier, mal da tief in ein Gespräch verwickelt, mit dem einen quatscht sie über die Zukunft des Straßenverkehrs und selbstfahrende Autos, mit dem anderen über die besten Zutaten für eine Erdbeerbowle. Es wird auch mal ganz schnell das Thema gewechselt – stört niemanden, alle sind ganz locker und gut drauf.

»Hey du!«, flüstert Angelika Mörkel Mark ins Ohr. Dieser weicht etwas zurück. »Ich habe mich selten so amüsiert wie heute Abend. Einfach schön, diese Party!« Sie rollt die Augen, als habe sie in die leckerste Praline gebissen. »Genieß es, mein Lieber, das bleibst nicht ewig so.« Sie kneift ihm großmütterlich in die Backe, Mark nimmt umgehend Reißaus.

»Du, weißte was? Ich habe eine Idee ...« Angelika Mörkel nimmt Mimmy am Arm und zieht sie in eine ruhige Ecke. »Lass uns doch Hermann rüber holen, der Arme. Da hockt er allein in seiner Wohnung, das geht doch nicht. Er soll sich nicht so haben. Es gefällt ihm hier bestimmt, egal, was er sagt. Außerdem bringt er seine Sitzgelegenheit ja mit.«

Hermann Klotzer hat die Nase gerümpft, als Geli und Mimmy ihn beim Geschenkaufhängen zu überreden versuchten, heute Abend mitzufeiern.

»Hermann, zieh dir eine Hose an, nettes Hemd dazu, du gehst mit mir jetzt auf diese Party«, hört er Angelika Mörkel schon vom Flur aus rufen. Sie klingt, als erlaube sie keine Widerrede. »Tobi hat heute Geburtstag, und das muss man feiern. Punkt. Widerstand zwecklos.«

»Keine Lust ...«, murmelt Hermann Klotzer grimmig.

»Na los, pack die Badehose ein, wir gehen rüber, Stachelschwein.«

»Ich auf einer Studentenparty? Vergiss es.« Mehrere Minuten vergehen, in denen Angelika Mörkel versucht, den grummeligen Hermann Klotzer zu überzeugen, dass es eine gute Idee wäre, sich mal unter Leute zu mischen. Und da er nicht will, muss die Kanzlerin zu härteren Maßnahmen greifen. Sie kommt seinem Gesicht ganz nahe (witzig, wie ihn das jedes Mal einschüchtert!) und streichelt Hermann Klotzer über die Wange, als wolle sie ihn küssen. Stattdessen bläst sie ihm grinsend ins

Gesicht. Das haut Hermann Klotzer förmlich aus dem Bett (da war es wieder, sein Beatmungs-Trauma!), er setzt sich gehorsam in seinen Rollstuhl und lässt sich zur Tür hinaus in die Wohnung gegenüber schieben.

Ein großes Glas Rotwein später (es soll ja gut fürs Herz sein!) tanzt Hermann Klotzer in seinem Rollstuhl sitzend den Samba, an der Hand Angelika Mörkel, die ihn immer wieder im Kreis dreht und sich vor Lachen kaum noch einkriegt.

Mark kann es nicht fassen, was er da sieht. Was in der Kanzlerin steckt, das hätte er nie für möglich gehalten. Da auch er bereits ziemlich angedudelt ist, nimmt er sein Handy aus der Tasche und wählt die Nummer seines Vaters.

»Papa, hör mal!«, lallt er ins Telefon. Er hält den Hörer zu Angelika Mörkel hin, die gerade lauthals *»I will survive«* von Gloria Gaynor trällert, während sie auf Hermann Klotzers Schoß sitzt und die Beine in die Luft wirbelt wie eine Cancan-Tänzerin.

»Rate mal, wer hier gerade voll abgeht!«

»Was is'n das für ein Krach bei dir?«

»Tobi hat Geburtstag, hier geht's ab, Mann! Und wer am meisten die Sau rauslässt, ist deine Geli!«

Werner Knauf muss tief schlucken. Um Gottes Willen, was war da in Marks WG los? Die Mörkel ist doch nicht ernsthaft unters Volk gegangen …

»Wie, ihr feiert ausgelassen eine Fete? Mark, hört sofort auf mit dem Mist! Hallo, hat Geli nicht kapiert, um was es hier geht? Hast du nicht verstanden, was ich dir gesagt habe, als ich sie bei dir zuhause abgeliefert habe???« Werner Knauf ist entsetzt. Mark nervt dieses Gespräch – ist eine schlechte Idee gewesen, bei seinem Papa anzurufen.

»Krieg dich wieder ein«, schnauzt er ihn an und legt auf.

Keine Minute später schreibt der Chef der Deutschen Telekom »Urbanstraße 38« auf einen kleinen Zettel und steckt ihn sich in die Hemdtasche. Wim Hettgas wählt die Nummer seines Freundes Robert, aber der liegt schon im Bett, hat das Handy aus und wird erst morgen eine Nachricht auf seiner Mailbox abhören, die ihm den Aufenthaltsort der deutschen Bundeskanzlerin verrät.

In der WG wird derweil kräftig weitergefeiert. Der Abend ist lang, vor vier ist keiner im Bett. Und als dann doch Ruhe einkehrt, da schmerzt der Kopf. Das wird 'nen Kater geben. Und der hat nix mit dem alten Adenauer zu tun.

26 Wer liegt denn da?

Am nächsten Morgen. In der WG riecht es überall nach abgestandenem Bier. Der Aschenbecher quillt über, Chips liegen herum, jemand hat ein Weinglas zerbrochen.

»Oh Mann, die Blase drückt ...« Angelika Mörkel muss aufs Klo. Sie klettert die Leiter zu ihrem Hochbett hinunter, etwas wackelig, denn sie hält sich den Kopf. Es hämmert hinter ihren Schläfen, das war eindeutig nix, noch die drei Wodka zu trinken. Die haben's ausgemacht. Sie tritt auf die unterste Stufe, rutscht aus und fällt zur Seite, doch zum Glück landet sie auf dem Schlafsofa, das unter dem Hochbett steht. Zum Glück hat jemand es ausgezogen. Blöd nur, dass da irgendein Typ pennt.

»Wer bist du denn? Was machst du in meinem Zimmer?«

Erschrocken, aber auch genervt blickt Angelika Mörkel den jungen Mann an, der da – offensichtlich ebenfalls ziemlich verkatert – vor ihr liegt. »Wollte ich meine Tür nicht unbedingt abschließen?«, murmelt sie und fragt sich, wie sie überhaupt die Leiter zu ihrem Bett hochkam. Sie kann sich an manche Details nicht mehr erinnern.

»Erm ...« Tom hat böse Kopfschmerzen. Ihm dröhnt der Schädel. Zum Glück hat er hier pennen dürfen, denn Sebastian war mit so einer Rothaarigen nach Hause abgedampft, da wollte er nicht stören. Außerdem hat er kaum mehr laufen können. Irgendwie landete er hier auf diesem Sofa. Er dreht sich auf den Rücken, will sich bedanken für den Schlafplatz.

»Aaaaaahhhhhhh!«

Angelika Mörkel zuckt zusammen. »Was ist?«, fragt sie mit aufgerissenen Augen.

»Aaaaahhhhhh!« schreit der junge Mann erneut, krabbelt ans Kopfende des Sofas und hält seine Decke schützend vor sich. »Was machen *Sie* hier?«, schreit er und starrt sein Gegenüber fassungslos an.

Jetzt schwant es Angelika Mörkel: Sie sieht nicht länger aus wie eine bizarre Frau mit bunter Hippie-Hose und schwarzem Bob. Sie ist jetzt wieder Angelika Mörkel. Abgesehen von der zerlaufenen Schminke und Haaren, die der Schwerkraft trotzen, ist sie wieder ganz sie selbst. So eine Scheiße.

»Träum ich ...«, stammelt Tom und weiß überhaupt nicht, wie er sich verhalten soll. Da sitzt er nur mit einer Unterhose bekleidet mit der Kanzlerin der Bundesrepublik Deutschland auf einem Sofa in irgendeiner WG – was sagt man in einer solchen Situation?

»Ich habe Sie überall gesucht.«

»Sie haben mich gesucht?« Angelika Mörkel zieht fragend die Augenbrauen hoch. »Wer sind Sie denn überhaupt?«

»Tom. Tom Berber. Ich bin Journalist.«

Na so eine Granatenscheiße. »Soso.«

»Ich bin Redakteur ... beim *Observierer*«, fährt Tom ganz langsam fort. Angelika Mörkel schaut ihn lange an.

»Und als nächstes erzählen Sie mir, Sie haben den Artikel über die Steuersünden der Angelika Mörkel geschrieben?«

»Das bin ich.«

Na super. Nach einer Weile zuckt sie mit den Schultern. »Der liebe Gott muss sich etwas bei gedacht haben, dass er uns beide hier und heute zusammenführt. Meinen Sie nicht auch?« Angelika Mörkel schüttelt ungläubig den Kopf. Wie das verfluchte Leben manchmal so spielt.

Tom bekommt keinen Satz heraus, er starrt Angelika Mörkel einfach nur an.

»Ich glaube nicht an Zufälle. Dass wir uns hier gegenübersitzen, hat so sollen sein.«

Sie schweigen sich eine Weile an.

»Ich sag Ihnen was«, bricht Angelika Mörkel irgendwann die Stille. »Ich geh jetzt aufs Klo, dann hol ich mir eine Flasche Wasser, und dann setze ich mich hier zurück auf dieses Sofa. Und dann erzähle ich Ihnen − gerade Ihnen −, was *wirklich* Sache ist. Mir reicht's jetzt.« Die Kanzlerin schlappt zur Tür hinaus, geht aufs Klo, holt sich das Wasser und setzt sich dann zu Tom aufs Sofa. Sie fängt an zu erzählen. Hier kommt die Wahrheit. Jetzt ist ihr alles egal.

Tom bekommt kein Wort raus. Er kann immer noch nicht fassen, wer da vor ihm sitzt.

27 Eine brisante Mailbox-Nachricht

Robert Merburg strampelt sich auf einem Crosstrainer ab, mit einem Handtuch um den Hals. Er schwitzt und schaut dabei die Nachrichten.

»Die Staatsanwaltschaft hat es soeben bestätigt«, sagt der Berlin-Korrespondent der *ARD*, Thomas Wanneberger, in die Kamera. »Die Unterschrift auf dem Kontoeröffnungsantrag ist echt. Die Schweizer Kredit Bank gab das Dokument an die deutschen Behörden heraus. Die Staatsanwaltschaft hat daraufhin einen forensischen Handschriftenvergleich in Auftrag gegeben. Die Prüfung ergab: es ist tatsächlich Bundeskanzlerin Angelika Mörkels Unterschrift. Lediglich bei dem Video der Überwachsungskamera sei man sich nicht ganz sicher, da würden weitere Untersuchungen, sogenannte Echtheitsprüfungen gemacht, hieß es.«

Robert Merburg macht den Fernseher aus, geht ins Schlafzimmer und schaltet sein Handy an. Das macht er normalerweise gleich nach dem Aufstehen, heute hat er's vergessen. Kurze Zeit später macht es *Ping*, eine Nachricht ist auf seiner Mailbox. Er hört sie ab und bekommt große Augen.

Robert Merburg versucht sofort Tom Berber zu erreichen, doch dessen Handy ist ausgeschaltet. So ein Mist, nicht jetzt! Er versucht es bei Dorothee. Die kommt gerade von Angelika Mörkels alter Schulfreundin Beatrix. Diese wusste aber nichts, und so war es ein kurzer Besuch. Dorothee ist auf dem Weg zurück nach Hamburg.

»Dreh sofort um! Sofort! Urbanstraße 38 in

Berlin Kreuzberg, da ist sie.«

Dorothee steigt in die Eisen, verursacht beinahe einen Unfall und schießt mit 160 km/h Richtung Hauptstadt.

28 Zwei in einem Boot

In Angelika Mörkels kleinem WG-Zimmer. Die anderen Bewohner schlafen noch, nur sie und Tom sind wach und unterhalten sich.

»Möchten Sie mitschreiben oder soll ich einfach so erzählen?« Tom schüttelt den Kopf, und so beginnt Angelika Mörkel zu erzählen. Sie ist geradezu enthusiastisch, während sie ihren Monolog hält. Nach einer halben Stunde ist sie fertig. Sie räuspert sich kurz. »Da wir beide in einem Boot sitzen, sag ich ab jetzt Du.«

»Sagen Sie mir auch wirklich die Wahrheit? Stimmt diese Geschichte?«

»Ich sage dir die Wahrheit. Ich schwöre, so wahr mir Gott helfe.« Angelika Mörkel grinst. *Das ist ja wie bei einer Vereidigung im Bundestag.*

Plötzlich klingelt es an der Haustür. Angelika Mörkel und Tom schauen sich an.

»Willst du mal nachsehen, wer das ist?«, fragt sie. »Ich darf ja nicht …«

»Kann ich machen.«

»Sieh erst mal aus dem Fenster, die Person steht bestimmt unten.«

Tom öffnet das Fenster und schaut auf die Straße runter. Angelika Mörkel nutzt die Gelegenheit, seinen knackigen Po zu bewundern. Derweil sieht Tom dunkle lange Haare, und als sich die Frau zur Seite dreht erkennt er … Dorothee!

»Das darf doch nicht wahr sein!« Blitzschnell zieht er seinen Kopf zurück. »Frau Bundeskanzlerin, da unten steht meine Kollegin!« Toms Herz rast.

»Was soll das heißen?«

»Ich habe keine Ahnung, wie Dorothee herausgefunden hat, wo Sie sind. Das bedeutet aber, dass die Presse Sie gefunden hat.«

»Du bist doch auch die Presse, und du hast mich schon vor einer Stunde gefunden. Ob du nun den Finderlohn einsteckst oder deine Kollegin – mir soll's egal sein. Kannst ja auch selber 'ne Geschichte schreiben über die Kanzlerin, der der Mann davongelaufen ist. Jedes Klatschblatt wird dir die Geschichte über die gescheiterte Kanzler-Ehe aus den Händen reißen! Macht vielleicht den verfehlten Artikel über die Steuersünden wieder wett …«

Angelika Mörkel hält sich den Kopf. Ihr Schädel schmerzt, so einen Kater hatte sie lange nicht mehr.

»Anziehen!«, kommandiert Tom.

»Wie bitte?«

»Sofort anziehen, wir müssen hier weg.«

»Wohin?«

»Keine Ahnung, hier jedenfalls können wir nicht bleiben.«

Es klingelt erneut, diesmal etwas länger. Angelika Mörkel macht keine Anstalten, sich etwas überzuziehen.

»Frau Bundeskanzlerin, ziehen Sie sich bitte etwas an, kein Scherz jetzt, wir müssen gehen.« Tom nimmt eine Plastiktüte, die in der Ecke liegt, und kramt Angelika Mörkels Sachen zusammen. Er schmeißt ihr die bunte Hose von gestern Abend hin, als bei ihm der Groschen fällt: Er hat mit einer Frau mit schwarzen Haaren und genau dieser Hose auf der Party gequatscht, über seine Rucksackreise durch die USA. Sie unterhielten sich angeregt über Washington, die vielen Museen dort, das Kapitol. Er sagte zu ihr, wie schade er es fand, nicht mal eine Tour durchs Weiße Haus machen zu können, die

Sicherheitsvorkehrungen seien so streng geworden. Sie aber winkte nur ab, sie hätte den Amtssitz des Präsidenten mindestens fünf Mal besucht, so spektakulär sei das Weiße Haus gar nicht. Er wunderte sich, doch die Frau wechselte das Thema und so hakte er nicht weiter nach. Tom hat sich echt gut unterhalten, die Frau war ihm sympathisch. Außerdem tanzte sie so nett mit diesem Mann im Rollstuhl und kümmerte sich liebevoll um ihn. Wer hätte gedacht, dass hinter dieser Fassade die Kanzlerin steckt …

Als Angelika Mörkel sich immer noch nicht bewegen will, packt Tom sie am Arm und schaut ihr streng ins Gesicht. »Schluss. Wir lassen Sie nicht zur Hetzbeute einer blutrünstigen Reporterbande werden. Wir verschwinden jetzt, und dann rücken wir beide gerade, was so unsäglich schiefging. Diesen Typen da, den finden wir, den kriegen wir dran. Aber um das machen zu können, müssen Sie jetzt bitte mitkommen – und zwar schnell!«

Angelika Mörkel steht auf, schmeißt alle ihre Habseligkeiten in ihren Koffer – eben hat es zum dritten Mal geklingelt – und rennt mit Tom zur Haustür. Es fällt ihr nur ein Versteck ein: Hermann Klotzers Wohnung.

Sie verabreden sich, dass Tom in einer halben Stunde mit dem Auto vorfährt, nicht direkt vor die Tür, aber um die Ecke, wo der Dönerladen ist.

»Geh durch den Hinterhof«, gibt Angelika Mörkel Tom als Rat mit. »Da gibt's eine Mauer, da kommt ein Jungspund wie du drüber. Von da kommst du prima auf die Parallelstraße.«

»Wir sehen uns in dreißig Minuten.«

»Abgemacht.«

29 Kein Schwein geht ran

Werner Knauf in seinem Büro. Er knetet nervös zwei chinesische Entspannungskugeln in seiner linken Hand. Er muss dingend sein Gleichgewicht von Yin und Yang wiederfinden.

»Geh ran, du ...!«

Werner Knauf ruft schon zum dritten Mal bei seinem Sohn an, aber der nimmt einfach nicht ab. Eben hat die Staatsanwaltschaft die Echtheit der Unterschrift bestätigt. Damit war es bewiesen: Angelika Mörkel hat doch Steuern hinterzogen! Sie hat ihn angelogen!

Werner Knauf fühlt sich mies. Hat er sich nicht redlichst bemüht, seine Chefin zu schützen, indem er sie versteckt? Alles war für den Arsch! Das würde er ihr nie verzeihen. *Sie bekommt von mir noch einen Anruf, und das wird der sein mit der Aufforderung, unverzüglich zurückzutreten. Was dieses Desaster für Konsequenzen für mich haben wird – lieber nicht darüber nachdenken. Hoffentlich komme ich unbeschadet aus diesem Schlamassel raus.*

Werner Knauf wählt ein viertes Mal die Nummer seines Sohnes. Das Handy ist immer noch ausgeschaltet.

30 Verpufftes Liebesbekenntnis

Bei Hermann Klotzer in der Wohnung.

»Wo willst du hin?«

»Ich muss weg, Hermann, ich bin hier nicht mehr sicher.«

Hermann Klotzer versetzt es einen Stich, als er Angelika Mörkel sieht, wie sie sich die restliche Schminke abwischt, die Hose anzieht und die Perücke überstülpt. Sie will plötzlich abreisen, aber warum gerade jetzt? Er hat sich so an sie gewöhnt, und gestern – der Abend hat so viel Spaß gemacht. Sie hat sich so liebevoll um ihn gekümmert, ja sogar mit ihm im Rollstuhl getanzt. Man findet so schnell keine Frau, die so was macht! Hermann Klotzer überkommt ein Gefühl der Schwermut, und er kann überhaupt nicht sagen warum. Er wird Angelika Mörkel vermissen, sie hat ihn so herzlich umsorgt – als habe er eine Familie. Diese Zeit ist nun vorbei.

»Ich brauche deine Hilfe, Hermann! Ich muss irgendwie an dieser jungen Frau vorbei, die unten steht und klingelt. Ich kann nicht hinten über die Mauer. Da breche ich mir alle Beine. Bleibt nur die Haustür. Wie machen wir das?«

Hermann Klotzer überlegt. Dann hat er plötzlich eine Idee. Ein alter Blaumann hängt noch in seinem Schrank, den er trug, als er noch einen Job hatte. Und irgendwo ist noch eine alte Schirmmütze mit Kaffeeflecken. »Das kannst du anziehen, machst einen auf Mann, der zudem kaum Deutsch spricht, und gut ist. Und ich gebe dir noch meine Haushaltsleiter mit, das dürfte dann als Tarnung reichen.«

Angelika Mörkel tritt zu Hermann Klotzer ans Bett. »Siehst du«, sagt sie mit sanfter Stimme. »Das ist der Unterschied zwischen dir und mir. Du weißt wenigstens, dass du eine Haushaltsleiter hast. Du hast nie die Bodenhaftung verloren und kennst dich in deiner eigenen Wohnung aus.«

Hermann Klotzer ist sich nicht sicher, wie er das verstehen soll.

»Sieh mich doch an. Ich habe keine Ahnung, ob ich eine Leiter zuhause habe. Dafür verstehe ich was von Finanz- und Wirtschaftspolitik oder Verbraucherschutzgesetzen oder vom Strafrecht. Ich habe fast immer Bodyguards um mich herum, meine Haare macht morgens der Friseur, die Kleider wählt eine Stylistin aus. Ich habe mehr Flugmeilen auf dem Buckel als alle Bewohner Kreuzbergs zusammen. Ich esse in Spitzenrestaurants und laufe über die feinsten Perserteppiche. Und am Ende, weißt du was, am Ende wäre ich doch viel lieber so wie du. Ein Mann, der weiß, ob er eine Haushaltsleiter hat. So wie Mimmy, Mark und Tobi. Ihr habt wenigstens ein Leben. Ich habe nur die blutrünstige Politik.« Die Kanzlerin zuckt mit den Schultern und fährt fort: »Weißt du, Hermann, ich habe so die Schnauze voll von allem, dass ich jetzt nach Zürich fahre und dem Lausebengel, der mir da ans Bein gepinkelt hat, die Ohren langziehe. Ich habe fast immer Contenance bewahrt. Aber jetzt, jetzt habe ich die Schnauze endgültig voll und hau dem eins in die Fresse.«

Hermann Klotzer ist sprachlos. Er schaut verwundert zu, wie die Kanzlerin sich den Blaumann über die Blumenhose zieht, die Perücke überzieht und die Haare vorsichtig darunter steckt, die Mütze aufsetzt, ihren Koffer und die Plastiktüte nimmt, die Tom gepackt hat, und alles in einen großen schwarzen Müllsack schmeißt. Den und die Leiter trägt sie die Stufen hinab, aber erst, nachdem sie Hermann Klotzer zum Abschied lange gedrückt und ihm sogar einen Kuss auf die Wange gegeben hat.

Angelika Mörkel ist traurig, gehen zu müssen, Hermann ist ein guter Freund geworden. Und sie ist traurig, weil sie Mimmy, Mark und Tobi nicht selbst sagen kann, warum und wieso sie nicht mehr da ist, wenn sie aufwachen.

Auch Hermann Klotzer fühlt sich leer und verloren, als Angelika Mörkel ihm ein letztes Mal zuwinkt. Er will den Mund aufmachen und ihr noch etwas zurufen, aber die Worte wollen nicht herauskommen. Erst als die Tür ins Schloss fällt, schafft er zu sagen, was ihm so sehr am Herzen liegt. »Ich liebe dich«, flüstert Hermann Klotzer. Aber es ist zu spät. Die Kanzlerin kann ihn nicht mehr hören.

31 Da ist noch was zwischen ihnen

In der Urbanstraße 38 unten im Erdgeschoss.

Wie die Kanzlerin es sich gedacht hat, steht unten an der Tür Toms Kollegin und wartet, bis jemand das Haus verlässt, um dann schnell in den Flur hineinhuschen zu können.

»Wohnen Sie hier?«, fragt Dorothee, als Angelika Mörkel, die Mütze tief ins Gesicht gezogen, die Tür öffnet.

»Co proszę? Nie rozumiem.«

Dieser Mann versteht mich nicht, egal. Hauptsache die Tür ist offen, denkt sich Dorothee und rennt die Stufen hoch.

Angelika Mörkel pocht das Herz bis zum Hals. Sie geht schnell die Straße entlang, biegt nach links ab und stellt ihre Leiter bei Dönerbudenbesitzer Abdul ab. Nach wenigen Minuten fährt Tom vor, er hat eine Seitenstraße genommen, damit Dorothee ihn und das Auto nicht erkennt. Angelika Mörkel steigt ein, und Abdul wundert sich, warum dieser Mann da eben Schuhe mit Absatz getragen hat. Er ruft noch hinterher, man habe die Leiter vergessen. Aber Tom und Angelika Mörkel sind bereits abgebogen und außer Sicht.

»In so einem Auto habe ich ja lange nicht mehr gesessen.«

»Was meinen Sie?«

»Gibt es das noch? Autos ohne elektrischen Fensterheber?«

»Nicht jeder wird tagein, tagaus in einer Limousine herumchauffiert, Frau Bundekanzlerin,« gibt Tom pikiert von sich. Cinderella hat wohl eine

Kutsche erwartet.

»Gib mal bitte dein Handy rüber.«

»Ist da in meiner Tasche, vorne drin.«

»Ich ruf jetzt Johannes an.«

Tom fährt viel zu schnell durch die Straßen von Berlin. Es beginnt zu nieseln, und er muss den Scheibenwischer anmachen. Angelika Mörkel zieht ihren Blaumann aus, streift die Perücke ab und wählt dann eine Nummer. Sie lehnt sich zurück in den Sitz.

»Johannes? Ich bin's, Geli.«

Eine kurze Pause entsteht.

»Ich bin abgehauen, ich sitze in einem Auto und fahre nach Zürich.«

Wieder eine kurze Pause.

»Ich hab's satt, ich werde mich nicht länger verstecken. Ich sag jetzt die Wahrheit – aber vorher kriege ich diese Betrüger ran.«

Kurze Pause.

»Es war doch eh klar, dass alles eines Tages rauskommen würde. Ich weiß nicht, was ich mir dabei gedacht habe, Werners Rat zu folgen und mich zu verstecken! Ja, das mit der Kanzler-Ohrfeige, okay, so konnte man die vermeiden und ich im Amt bleiben, während die Staatsanwaltschaft meine Unschuld beweist. Aber das haben sie nicht, ganz im Gegenteil. Gerade kam es in den Nachrichten. Ganz Deutschland denkt, ich hätte Steuern hinterzogen. Ich kann das nicht auf mir sitzen lassen.«

Wieder eine Pause.

»Du hast selbst gesagt, du willst dich nicht mehr verstecken. Und so machen wir das jetzt auch. Wir gehen an die Öffentlichkeit, und so ist es dann eben. Aber dass man mich des Steuerbetrugs bezichtigt, das lasse ich nicht länger auf mir sitzen. Hermann und Mark und Tobi, die haben mich anfangs alle für so eine abgebrühte Tusse gehalten –

141

ich will nicht, dass Leute so über mich denken. Nur Mimmy war immer lieb zu mir. Ich bin keine Abzockerin! Das bin ich nicht! Irgendjemand verarscht mich hier. Du warst ja dabei, in Gottes Namen! Soll ich mich etwa nun vor die Presse stellen und sagen, ich hätte eine reine Weste, während die Staatsanwaltschaft die Echtheit meiner Unterschrift beschwört? Mach ich nicht. Ich muss das jetzt alleine wieder gerade rücken.«

Wieder eine Pause.

»Ich rufe dich eigentlich nur an, um dir zu sagen, was ich vorhabe«, fährt Angelika Mörkel fort. »Betrifft dich ja schließlich genauso wie mich. Es ist mir der schlimmste Gedanke der Welt, dich gehen lassen zu müssen. Aber wenn die Deutschen den Glauben an mich verlieren, mich für eine Betrügerin halten, dann habe ich doppelt verloren. Und dieser Preis ist mir zu hoch. Um es kurz zu sagen: Ich räche mich an wem auch immer da in Zürich. Ich habe einen Verdacht, wer es gewesen sein könnte. Eigentlich bin ich mir ganz sicher. Ich muss zurück in das Hotel.«

Pause.

»Ich bin nicht allein, ja, ich habe vielleicht den besten Verbündeten mit im Boot, den ich mir wünschen kann. Ihn schickt der Himmel.«

Pause.

»Wer das ist? Tom Berber, der Journalist des *Observierers*, der, der den Ball ins Rollen gebracht hat.«

Wieder eine kurze Pause.

»Wie ich dazu komme, mit ihm hier im Auto zu sitzen?«

Pause.

»Nun, sagen wir so, ich hatte vergessen, meine Zimmertür abzuschließen, und so hat er bei mir übernachtet.«

Pause.

»Nein, nicht was du denkst. Er war auf dem Sofa und ich oben im Hochbett.«

Pause.

»Es war wirklich so! Ganz ehrlich.«

Pause.

»Johannes, jetzt hörst du aber auf! Du hast mich verlassen, sagtest, du liebst jetzt einen Mann, der zu allem Überdruss auch noch Nuschi heißt – dann muss es dich nicht aufregen, wenn ein junger blonder Mann mit Knackarsch in meinem Zimmer pennt.«

Tom verzieht das Gesicht. Angelika Mörkel aber muss grinsen. Wer hätte gedacht, dass Johannes so eifersüchtig sein würde. »Wenn du so eifersüchtig bist, warum kommst du dann nicht einfach mit nach Zürich?«

Tom verzieht noch mehr das Gesicht. Er macht eine Gestik, die klar andeutet, dass er nichts von der Idee hält.

»Okay, wir holen dich ab. Wo müssen wir hin, wo wohnt deine Tuschi Nuschi?«

»Das ist nicht Ihr Ernst ...«, stöhnt Tom dazwischen. Er hat alles andere als Lust, zu dritt nach Zürich zu fahren.

»Ja, ich werde nett zu ihr sein, versprochen. Ist sie es auch zu mir? Jedenfalls, ich denke wir sind in dreißig Minuten maximal da. Wir fahren einen alten Peugeot, du erkennst uns an den Aufklebeblumen vorne auf der Motorhaube.«

Tom läuft rot an. Angelika Mörkel bricht in schallendes Gelächter aus. Nicht nur ist Toms Blick Millionen wert, ihr gefällt es ziemlich gut, dass Johannes eben so eifersüchtig war. Da ist noch was zwischen ihnen, sie spürt es ganz genau.

32 Vier in einem Auto

Vor Nuschis Haustüre in Köpenick.

»Hier muss es sein, da drüben.«

Angelika Mörkel und Tom halten vor Nuschis Wohnung. Tom hupt kurz, und schon geht die Eingangstür eines kleinen Reihenhauses auf, und Johannes Mörkel kommt heraus. Er trägt Hut und einen Mantel, dessen Kragen er hochgestellt hat. Er lässt die Haustüre offen und läuft zum Auto.

Angelika Mörkels Herz macht einen Purzelbaum. Über eine Woche hat sie ihren Hanni nicht gesehen. Sie kurbelt das Fenster herunter.

»Hallo Johannes.«

»Hallo Geli.« Skeptisch schaut Johannes Mörkel auf Tom, der hinter dem Lenkrad sitzt. Er mustert ihn, das Auto und die Aufklebeblumen. Er rümpft die Nase. Johannes Mörkel packt seinen Koffer in den Kofferraum, wo kaum noch Platz ist. »Das wird jetzt schwierig«, ruft er von hinten.

»Was denn?« Angelika Mörkel streckt den Kopf zur Beifahrertür hinaus.

»Wo soll Nuschis Gepäck hin?«

»Wessen Gepäck?« Angelika Mörkel schaut ihn fragend an.

»Ich meine Pauls Gepäck. Sie will auch mitkommen …«

Lieber Gott, mach, dass ich mich eben verhört habe.

Und da kommt sie auch schon, Johannes neue Freundin. Nuschi stolziert im schwungvollen Laufsteggang die Einfahrt entlang. Sie trägt einen kurzen weißen Rock, eine gelbe Bluse und zur

144

Krönung pinkfarbene Pumps. Das ist wie im Film. Angelika Mörkels Oma hätte gewettert, diese Frau sehe ja aus wie ein böser Finger.

Nuschi macht keine besonderen Anstalten, höflich zu Angelika Mörkel und Tom zu sein. Sie ist heute keineswegs gut drauf. Ihr Johannes will mit seiner Ex durch halb Europa fahren – nicht ohne sie. Nuschi versucht wortlos, ihre Tasche hinten ins Auto zu quetschen. Das klappt nicht, und so schmeißt sie sie wütend auf den Rücksitz, zwischen sich und Johannes. Beide steigen wortlos ein, Tom rollt noch mal herzlich mit den Augen, und Angelika Mörkel versteht die Welt nicht mehr: *Da hat mir diese Person den Mann weggeschnappt, und dann sagt sie nicht einmal Hallo zu mir, der verlassenen Ehefrau ...*

»Guten Tag, ich bin Angelika Mörkel«, sagt sie trotzdem freundlich und dreht sich nach hinten. *Das habe ich in der Politik gelernt: Dir kann einer noch so doof kommen, die beste Waffe ist, den anderen mit gutem Benehmen und Höflichkeit zu schlagen.*

Nuschi aber gibt immer noch keinen Ton von sich.

»Du könntest schon Hallo sagen ...« Johannes Mörkel ist genervt, ihm ist ihr Verhalten peinlich.

Wenn Blicke töten könnten ...

Angelika Mörkel dreht sich zurück und fixiert den kleinen Schminkspiegel ihrer Sonnenblende, um auch ja nichts zu verpassen von dem Drama, das sich da hinten im Auto abspielt.

Sie fahren los. Eine halbe Stunde später fragt Tom, ob jemand was zu trinken will.

»Ja, isch«, bricht Nuschi ihr Schweigen. Sie klingt wie eine beleidigte Diva. Johannes Mörkel rollt genervt die Augen, während Angelika Mörkel in ihrem Fußraum herumkramt, wo ein paar Flaschen liegen. »Bitte schön. Für Sie das Pellegrino!« Sie dreht sich breit grinsend zu Nuschi nach hinten, die ihre Freundlichkeit keineswegs zu schätzen weiß, wortlos die Flasche nimmt und sich dann angewidert wegdreht. Sieht schon witzig aus, wie Nuschi und Johannes da hinten so dasitzen, die Knie fast an den Ohren. Das würden ja komische und auch ziemlich unbequeme acht Stunden Fahrt werden.

»Hat jeder seinen Führerschein und Personalausweis dabei?«, fragt Tom. Alle drei Mitfahrer nicken. »Dann lasst uns alle beten, dass die Schweizer Grenzbeamten uns nicht kontrollieren. Das wäre ein Schlamassel.« Er dreht das Radio an. Billy Paul singt gerade *Me and Mrs Jones ... We got a thing going on ...*«.

»Besser wäre doch *Me and Mr Kanzler* ...«, flüstert Angelika Mörkel zu Tom hinüber und wundert sich, wie sie so cool bleibt, mit der neuen Freundin ihres Mannes hinten auf der Rücksitzbank – wie sie auch noch höflich Getränke reicht. Irgendwie findet sie es gut zu sehen, wer ihre Kontrahentin ist. Und Johannes dabeizuhaben, tut auch gut. *Ich nehme jetzt mein Gefühlschaos, schmeiß es zum Fenster hinaus und konzentriere mich auf die Sache*, denkt sie und macht eine entsprechende Handbewegung.

Nach einer Weile will Tom eine Pause einlegen, ob die Bundeskanzlerin nicht ein bisschen fahren könnte. »Klar, halt an der nächsten Raststätte an. Ich übernehme.« Und weil die Kanzlerin schon jahrelang nicht mehr selbst gefahren ist, würgt sie erst einmal den Motor ab. Da Nuschi sich nicht angeschnallt hat, haut sie auf den Vordersitz, der Lippenstift verschmiert, ist kurz ein Desaster. Johannes schimpft, sie solle doch nicht so ein

Theater machen, woraufhin Nuschi den Rest der Fahrt mit bitterer Miene und verschränkten Armen dasitzt.

33 Sie ist weg

In der WG am Samstagmittag.

»Sie ist weg, alle ihre Sachen sind weg.« Traurig macht Mimmy den Schrank auf, schaut unters Sofa. Angelika Mörkel hat alle ihre Sachen mitgenommen. »Wo ist sie hin?« Fragend schaut sie zu Mark, der mit den Schultern zuckt.

»Ich ruf mal meinen Papa an.« Mark holt sein Handy aus der Tasche und wählt Werner Knaufs Nummer.

»Knauf hier. Guten Tag?«

»Papa, ich bin's, Mark. Erscheint mein Name nicht auf deinem Display? Egal. Du sag mal, weißt du, wo die ... äh ... Mimmy ist?«

»Wieso fragst du mich das, sie ist doch bei dir!«

»Ist sie nicht, ihre Sachen und der Koffer sind weg, das Zimmer leer.«

»Willst du mich verkackeiern? Was soll das heißen?«

»Das soll heißen, was ich gerade gesagt habe. Sie ist nicht mehr da.«

»Du willst mir sagen, die Geli ist nicht mehr in deiner Wohnung?« Werner Knauf wird laut. Sein Kopf beginnt zu glühen.

»Genauso ist es, und du musst mich überhaupt nicht anschreien, *capito?*«

Werner Knauf tut seine Panikattacke leid. Er entschuldigt sich. »Seit wann ist sie weg?« Er versucht sich zusammenzureißen.

»Keine Ahnung. Gestern hatten wir ja die Party, und wir haben sie zuletzt gesehen, als sie ins

Bett ging, so gegen vier Uhr. Heute morgen dann hat uns eine Frau aus dem Bett geklingelt, die fürs Einwohnermeldeamt arbeitet und eine Umfrage machte, wie viele Leute in jeder Wohnung wohnen. Sie wollte unbedingt hereinkommen. Da wurden wir stutzig, haben sie gebeten zu gehen und gleich nachgesehen, wo Geli ... ähm ... Mimmy ... ist. Und da fiel uns auf, dass ihr Zimmer leer ist.«

»Zum Glück habt ihr diese Frau abgewimmelt, denn das ist sehr suspekt. Das Einwohnermeldeamt schickt keine Mitarbeiter an die Haustür, um einen Mikrozensus durchzuführen. Dann hat die Presse doch spitzbekommen, wo Geli ist ...«

»Du sollst doch Mimmy sagen!«

»Ja natürlich, die Mimmy! Was machen wir denn jetzt?«

»Keine Ahnung.« Mark dreht sich zu Mimmy (die, die wirklich so heißt). »Was sollen wir jetzt tun«, flüstert er ihr zu.

»Vielleicht weiß ja Hermann was«, schlägt Mimmy vor, und so gehen sie auch gleich rüber.

Hermann Klotzer liegt traurig in seinem Bett und starrt an die Decke. »Sie ist weg«, haucht er melancholisch. Mark und Mimmy setzen sich schweigend an seine Bettkante, jeder auf eine Seite.

»Hat sie gesagt, wo sie hinwill? Und warum?«

Hermann Klotzer und Dackel Krümel seufzen simultan. »Nein, sie sagte nur, man habe ihr Versteck herausgefunden und sie müsse weg. Und dann gab ich ihr meinen Blaumann und eine Leiter und eine alte Mütze, und sie ging – einfach so.«

Mimmy steht auf und kuschelt sich an Mark. Geli ist ohne Tschüss zu sagen verschwunden. Mimmy ist bitter enttäuscht. Das hätte sie nicht von ihr gedacht.

34 Bettenverteilung

Angelika Mörkel, Tom, Johannes und Nuschi parken in einer Straße in Zürich. Hier ums Eck hat das Unheil wahrscheinlich seinen Lauf genommen. Das werden sie jetzt herausfinden.

»So, hier parken wir erst mal.« Tom zieht die Handbremse an. »Ich schlage vor, Sie Frau Kanzlerin und Sie Herr Mörkel sehen nach, ob der Herr an der Rezeption der gleiche ist wie damals.« Er dreht sich zu Johannes und Nuschi hinter. »Nuschi und ich warten hier, okay? Mich erkennt der Typ vielleicht, ich denke, er war es, der damals in Hamburg mit Kapuzenpulli und Sonnenbrille vor mir stand.«

Nuschi schaut angewidert aus dem Fenster, Johannes brummelt wenigstens seine Zustimmung.

»Wir checken erst einmal die Lage«, sagt Angelika Mörkel zu Johannes und zieht sich die Perücke über. Mit Blumenhose und schwarzen Haaren würde sie bestimmt niemand hier erkennen. Hoffentlich. Beim ersten Mal war ihre Tarnung ja aufgeflogen.

Während Angelika und Johannes Mörkel vom Auto weglaufen und Johannes eben nicht hinsieht, dreht Angelika Mörkel sich kurz zu Nuschi um und wirft ihr ein nonverbales »Ätsch« zu. Nuschi sitzt mit hochrotem Kopf da. »Bereit?«, fragt sie ihren Mann.

»Bereit.«

Johannes und Angelika Mörkel betreten eine Hotellobby. Schon von weitem sieht Angelika Mörkel, dass sie einen Volltreffer gelandet haben: Der Mann an der Rezeption ist der vom letzten Mal.

Ganz sicher! Das flüstert sie Johannes zu, der ihr andeutet, auf einem der Sofas Platz zu nehmen. Währenddessen tritt er freundlich an den Tresen, gibt sich als Hans Müller aus, fragt nach einem Zimmer und merkt sich ganz genau, was da auf dem Namensschild steht: Rocko Bernoulli. Johannes Mörkel füllt ein Anmeldeformular aus – er sieht doppelt und dreifach genau hin, was er da unterschreibt –, setzt seine Unterschrift darunter und bekommt den Zimmerschlüssel. Er winkt dankend ab, als Rocko Bernoulli einen Portier für den Koffer rufen will. Er habe nicht viel Gepäck, alles sei gut.

Johannes Mörkel schaut sich kurz das Zimmer an, geht dann zurück in die Lobby und hinaus auf die Straße. Angelika Mörkel folgt ihm unauffällig, und sie beide setzen sich zurück ins Auto.

»So, ich weiß, wie der Typ heißt: Rocko Bernoulli.«

»Ist das auch wirklich derselbe wie letztes Mal?«, fragt Tom.

»Ja wirklich, die roten Haare und dieses Grinsen sind unverkennbar.« Angelika Mörkel ist sich sicher – das ist der Mann.

»Und was wollt ihr jetzt tun?«, zischt Nuschi dazwischen.

»Ich habe ein Doppelzimmer gebucht. Sind zwei große Betten. Da pennen wir jetzt erst mal eine Runde«, schlägt Johannes vor.

»Beste Idee seit langem«, raunt Nuschi und schwingt ihre langen Beine aus dem Fahrzeug.

»Zimmer 305. Ich schlage vor, wir gehen mit etwas Abstand hintereinander hinein«, sagt Johannes Mörkel. »Wer zuerst?«

»Isch.« Also, die Nuschi geht als erste. Johannes Mörkel gibt ihr den Schlüssel. Keine zwanzig Minuten später ist auch die letzte Person oben im Zimmer angekommen.

»Wer pennt wo?« Tom weiß nicht, auf welches Bett er seine Tasche werfen soll.

»Ich mit dir?«, fragt Angelika Mörkel und schaut dabei Tom an.

»Kommt überhaupt nicht in Frage!«, bricht es aus Johannes Mörkel heraus. »Du bist immer noch meine Frau!«

»Hast du eine Meise? Falls du es vergessen haben solltest, wir sind gerade durch halb Europa gefahren mit deiner neuen Freundin hinten drin!« Angelika Mörkel zeigt empört auf Nuschi, die sich wieder einmal beleidigt wegdreht. »Komm mir nicht mit Eifersüchteleien …«

»Dann Sie und Ihr Mann hier drüben, Nuschi und ich am Fenster«, versucht Tom zu schlichten.

»Bist du gaga, du Schandfleck!«, kreischt Nuschi. »Nur über meine Leiche lasse isch die beiden zusammen in ein Bett!«

Johannes rollt genervt die Augen – weiß der Himmel, das wievielte Mal heute schon.

»Da bleibt nur eine Lösung …«

Keiner kann in dieser Nacht gut schlafen.

35 Da hilft ein tiefes Dekolleté

Am nächsten Morgen. Es ist Sonntag.

»Guten Morgen, Zimmer Nummer 305. Bitte vier Mal Rührei mit Speck, Croissants und vier Mal Latte Macchiato. Braucht das lange? Ah super. Danke.« Tom legt den Hörer auf. »Essen kommt gleich. So, nun, bitte alle mal brainstormen, was wir jetzt als nächstes machen.«

»Ich schlage vor, Nuschi hier findet heraus, inwieweit Herr Bernoulli mit der Schweizer Kredit Bank verbunden ist«, schlägt Angelika Mörkel vor. »Das wäre vielleicht der erste Schritt. Wären Sie dazu bereit, Paul ...äh ... Nuschi?«

»Kann isch machen ...« Nuschi zuckt gelangweilt mit den Schultern.

»Das wäre klasse von dir«, versucht Johannes Mörkel seine Freundin zu animieren. Sie aber wirft ihm nur einen angewiderten Blick zu.

»Vielleicht hilft ein tiefes Dekolleté?«

Nuschi findet diesen Kommentar der Kanzlerin keineswegs angebracht. »Machen Sie sisch keine Sorgen, isch weiß, was isch tue.«

Wenig später stolziert Nuschi in ihrem Minirock zur Tür hinaus. Sie fährt ins Erdgeschoss. Welch Glück, Rocko Bernoulli hat wieder Dienst.

»*Allô* ...«, haucht Nuschi ihm entgegen. Rocko Bernoulli stellt sich aufrecht hin, wischt sich ein paar Haare aus dem Gesicht und setzt sein bestes Lächeln auf. »Guten Morgen, meine Dame! Wie kann ich Ihnen helfen?«

Nuschi klimpert mit ihren langen Wimpern. »Guten Morgen, *bonjour. Monsieur,* isch brauche

Ihre 'Ilfe. Sie können mir bestimmt 'elfen.«

Rocko Bernoulli lehnt sich etwas weiter über den Rezeptionstisch. Auch Nuschi kommt etwas näher ran. »Isch möschte ein bisschen Geld anlegen 'ier in der Schweiz, und isch dachte mir, vielleicht 'aben Sie ja eine gute Idee, wo man sein 'art verdientes Geld parkt.« Nuschi fährt sich mit der Zunge über die Lippen, während sie mit ihrem Finger verführerisch eine Haarsträhne aufdreht.

Rocko Bernoulli beginnt zu schwitzen. Er lehnt sich noch ein Stück weiter über den Tresen. »Tatsächlich, ich kann Ihnen helfen. Sie haben den richtigen Mann angesprochen.«

»Wusste isch doch, isch 'abe einfach eine Intuität, was Männer anbelangt.«

»Sie meinen Intuition.«

»Ja genau. Isch weiß genau, welscher Mann ein Prachtexemplar seiner Gattung ist. Isch 'abe das im Gefühl. Nun?«

»Ich habe einen guten Kontakt zur Schweizer Kredit Bank, die sind die Profis, wenn es darum geht, Geld an den Finanzämtern dieser Welt vorbei zu schleusen. Die sind hochprofessionell und sehr diskret. Mein Bruder arbeitet dort.«

»Ihr Bruder? Das ist aber eine Überraschung, welsch Zufall!«

»Wann haben Sie Zeit, sich mit ihm zu treffen?«

»Wann immer er will.« Nuschi lässt ihre Augenbrauen hüpfen und leckt sich erneut lasziv über die Lippen. »Isch bin ganz allein in meinem Zimmer.«

Rocko Bernoulli baut Gürtel abwärts Druck auf. »Geben Sie mir doch Ihre Nummer.«

»Nein, Sie erreichen mich in Zimmer 305.«

Nuschi dreht auf dem Absatz um und geht

zum Fahrstuhl. Rocko Bernoulli lässt ihren Po keine Sekunde aus den Augen.

36 Gefangennahme

Nuschi, Johannes und die Kanzlerin liegen auf dem Bett, Tom sitzt an einem kleinen Laptop und recherchiert.

»Auf seiner *Facebook*-Seite sehe ich, dass unser Rocko Bernoulli mit jemand befreundet ist, der den gleichen Nachnamen wie er hat. Das könnte also ein Bruder sein.« Tom dreht sich zu den anderen, doch die wirken abwesend. Vielmehr beäugt Angelika Mörkel argwöhnisch, wie Johannes und Nuschi zusammen auf dem Bett liegen. Immerhin, sie sprechen nicht miteinander. Überhaupt haben sich die beiden seit Köpenick wenig ausgetauscht – eine kleine Genugtuung für die verlassene Kanzlerin. Angelika Mörkels Gedanken schweifen zu Mimmy und Mark und was die beiden wohl gerade machen, was sie gedacht haben müssen, als sie plötzlich verschwunden war. Sie vermisst sie alle schrecklich, und auch Tobi, Hermann und Dackel Krümel – aber anrufen kann sie nicht. Sie hat nie eine einzige Nummer aufgeschrieben, und ein Festnetz gab es nicht, dessen Nummer man im Telefonbuch nachschlagen könnte. Und Mark über Werner Knauf anzurufen, ist auch keine Option, denn – jede Wette – dann müsste sie sich
a) Warum-hast-du-mich-angelogen-Beschimpfungen und
b) dessen Rücktrittsforderungen anhören.
Ne danke, erst mal hier die Dinge klären. Dann sieht man weiter.

»Schauen wir doch mal nach, wer dieser Bertram Bernoulli ist.« Tom geht auf *LinkedIn*, gibt den Namen ein, und gleich als erstes erscheint ein Mann, der bei der Schweizer Kredit Bank im Private Banking arbeitet. Volltreffer! Er klickt auf Bertram Bernoullis Profil und schaut sich den Kerl ganz genau an. Große Ähnlichkeit hat er nicht mit Rocko. Tom zieht die Schublade des Fernsehtisches auf, und siehe da, er findet, was er sucht: ein altmodisches Telefonbuch. Er schlägt es bei B auf und sucht nach Bertram Bernoulli, doch leider findet er nichts. Auch online ist seine Adresse nirgends zu finden. *Nicht so schlimm, jede Wette, Rocko Bernoulli steht gleich mit diesem Kerl da vor der Tür,* beruhigt sich Tom. *Bestimmt ist er der Bruder, von dem Rocko Bernoulli Nuschi erzählt hat. Jetzt heißt es abwarten.*

Keine Minute später klopft es an der Tür. Alle zucken zusammen. Tom legt einen Finger an die Lippen, signalisiert den anderen, kein Wort zu sagen, und schiebt Angelika und Johannes vor sich her ins Bad.

»Ja bitte?« Nuschi geht angespannt zur Tür.

»Rocko Bernoulli hier, von der Rezeption«, ruft es durch die Tür. »Ich habe Ihnen jemanden mitgebracht.«

»Oje, *un moment, s'il vous plaît,* isch bin noch nischt angezogen!« Nuschi rennt zum Bad, streckt den Kopf hinein. »Was mach isch denn jetzt? Das ging so schnell …«

»Ich hab's! Mit meinem Handy nehmen wir das Gespräch auf, als Beweismaterial. Warte, ich hole es schnell und schalte es ein.« Tom witscht aus dem Badezimmer, klickt eine Sprachmemo-App auf seinem Handy an und macht den Bildschirm aus. Er legt es auf das Sideboard unterm Fernseher. »Komm so nah ran wie du kannst, okay?«

Nuschi nickt. Tom klopft ihr aufmunternd auf die Schulter und versteckt sich wieder im Bad.

Nuschi geht langsam zur Tür und öffnet sie vorsichtig. Rocko Bernoulli steht vor ihr und ein Mann, der das genaue Gegenteil von ihm ist. »Darf ich vorstellen, mein Bruder Berti.«

»*Allô.*« Nuschi bekommt nur mit Mühe ein Lächeln heraus. Sie ist nervös und hofft, dass man es ihr nicht ansieht und vor allem, dass die Herren nicht mitbekommen, dass drei Personen im Bad hocken, darunter die Kanzlerin der Bundesrepublik Deutschland. Sie sammelt all ihren Mut und deutet den beiden an, sich auf die Sessel am Fenster zu setzen. Ohne dass die Herren es merken, schiebt Nuschi Toms Telefon etwas näher ran. »So, isch 'öre, Sie sind der Bruder?«

»Guten Tag die Dame, ja das bin ich. Bertram mein Name, Freunde nennen mich Berti. Das bin ich auch für Sie.« Er grinst ein ekliges Lächeln.

»Ach, das ist aber nett, was ein süßer Name, Berti – das klingt so unschuldig.« Nuschi hat sich gefangen und ist jetzt voll dabei.

»Wie können wir Ihnen helfen, Frau Müller?«

»Bitte, nennen Sie mich Nuschi. Und wo wir gerade dabei sind, wir sagen doch Du, oder?«

»Gerne!« rufen Berti und Rocko wie aus einem Mund. »Also Nuschi, ich habe gehört, du willst bei uns etwas Geld anlegen. Um wie viel handelt es sich?« Berti ist plötzlich ganz ernst.

Nuschi schaut mit cooler Zockermiene auf die beiden, wartet der Theatralik wegen ein paar Sekunden ab. »Zweieinhalb Millionen Euro.«

Bertram und Rocko müssen tief schlucken.

»Das ist eine stattliche Summe«, sagt Bertram.

»Da hast du absolut Recht. Da steckt viel Arbeit dahinter.«

»Ich freue mich, dass du das Geld bei uns anlegen willst.«

»Das würde isch sehr gerne, doch sag mir zuerst – wie kann isch sicher sein, dass misch die deutschen Steuerbehörden nicht drankriegen?«

»Dafür werde ich persönlich sorgen, du bekommst von uns das allerhöchste Maß an Diskretion.«

»Der deutsche Staat bekommt davon nichts mit?«

»Keinen Deut.« Bertram schüttelt mit dem Kopf. »Du hast mein Ehrenwort, für fünf Prozent Kommission.«

»So viel nimmst du? Du weißt, dass das illegal ist«, sagt Nuschi nach einer kurzen Pause.

»Die Kommission oder das steuerfreie Anlegen?« Berti grinst schelmisch. »Ich kenne kein schlechtes Gewissen. Ich habe über hundert Kunden allein in Deutschland geholfen, Steuern zu hinterziehen. Glaub mir, ich bin Profi. Mir passieren keine Fehler.«

Plötzlich beginnt Toms Handy zu summen, ein Name erscheint vorne auf dem Display. Nuschi schaut Rocko und Berti unschuldig an, sie wundern sich aber, warum sie nicht rangeht. Rocko steht auf und nimmt das Handy, hält es Nuschi hin. »Der Chefredakteur des *Observierers* ruft an«, sagt er beiläufig.

Tom zuckt im Badezimmer zusammen, murmelt ein »Oh Scheiße« und lässt seinen Kopf in die Hände fallen. Er hat damals kurz nach seinem Jobinterview vor vielen Jahren die Nummer so eingespeichert, um seine Freunde zu beeindrucken, falls sie mal auf sein Handy sehen, während El Chefe anruft. Er hat sein Adressbuch seitdem nie angepasst, nie Robert Merburgs Namen eingetragen. Jetzt wird ihm das zum Verhängnis. *Welch schlechtes Timing!*

Rocko hält Nuschi immer noch das Handy hin, aber sie nimmt es nicht. Sie ist starr vor Schreck. Bei Bertram fällt währenddessen der Groschen: Er steht auf und hat ein großes Fragezeichen im Gesicht. »Was hast du mit dem *Observierer* zu tun?« Diese Frau hier hat irgendwas mit den Leuten aus Hamburg zu tun, denen Rocko die erfundene Geschichte über die deutschen Kanzlerin verkauft hat.

Bertram packt Rocko am Kragen und zieht ihn zur Tür, aber Tom ist schneller. Er stürmt aus dem Badezimmer, verstellt beiden den Weg, aber sie wehren, schlagen um sich. Johannes Mörkel kommt zur Hilfe, Berti schubst ihn zur Seite, und er knallt gegen die Wand. Das versetzt Nuschi in Rage: Sie schlägt mit ihrem einen Pump auf Rocko ein. Da prescht Angelika Mörkel vor, in der Hand einen Elektroschocker, den ihr mal einer ihrer Bodyguards geschenkt hat und den sie seither immer bei sich trägt. Sie zappt erst Rocko, da er der Stärkere zu sein scheint, und dann Bertram. Beide fallen zu Boden, jaulen vor Schmerzen.

»Johannes, hol zwei Strumpfhosen aus meiner Tasche, wir fesseln sie«, ruft die Kanzlerin, während sie über den beiden Betrügern thront wie eine Jeanne d'Arc nach dem Sieg über die Engländer.

Jedes Mal, wenn sich Bertram oder Rocko aufzurichten versuchen, bekommen sie den Schocker angesetzt. So ist bald Schluss mit Gegenwehr. Tom kann also in Ruhe die Herren fesseln. Er platziert sie auf den Sesseln. Sie sitzen wie Eissäulen da, starren die Kanzlerin an. Beiden ist die Kinnlade heruntergefallen.

Wie ist das denn eben hier alles passiert? Was macht Angelika Mörkel hier? Rocko schüttelt den Kopf. *Es gibt Dinge, die gibt's gar nicht.* Er dreht sich zu Berti, dem die Tränen vor Schmerzen herablaufen. Angelika Mörkel hat bei ihm den Elektroschocker etwas länger rangehalten. Er ist schließlich Banker.

»Ihr habt euch die Falschen ausgesucht«, zischt Angelika Mörkel und streichelt Johannes über den Kopf. Er hat an der Schläfe eine dicke Beule. »Mit uns ist nicht zu spaßen. Was jetzt kommt, nennt man Rache …«

Berti und Rocko bekommen große Augen.

»Ich weiß, was wir jetzt machen.« Tom grinst über beide Ohren. Angelika Mörkel schaut ihn skeptisch an. Was er wohl für einen Plan ausheckt?

37 Ein Video geht um die Welt

Hermann Klotzer, Mimmy, Mark und Tobi, Hermine Kösser, Robert Merburg, Marco und Dorothee, Werner Knauf, seine Frau Sabine, Sebastian, Beate Buhmann, Sigmund Michael, Wim Hettgas, Kurt Semmel, Jenny und Marlies Sauter – alle sitzen sie vor ihren Fernsehern und schauen gebannt den *ARD*-Brennpunkt. Sogar Dackel Krümel sieht hoch.

»Meine Damen und Herren, herzlich Willkommen zu unserem *ARD*-Brennpunkt. Bundeskanzlerin Angelika Mörkel bestreitet aufs Schärfste die Vorwürfe, sie habe Steuern hinterzogen. Nach einer Woche hat sie ihr Schweigen gebrochen und ist nun selbst vor die Kameras getreten – auf eine für sie sehr ungewöhnlich Art. Sie hat ein Video auf Youtube hochgeladen.«

Die Kamera schaltet um und der Zuschauer sieht, wie Angelika Mörkel in einem Hotelzimmer vor zwei sitzenden Herren steht.

»Guten Tag, mein Name ist Angelika Mörkel, ich bin die amtierende Kanzlerin der Bundesrepublik Deutschland.« Die Kamera wackelt etwas. Dieses Video ist offensichtlich selbstgedreht. »Es hatte vor einer Woche Presseberichte über mich gegeben, mit der Unterstellung, ich hätte 1,2 Millionen Euro an Steuern hinterzogen. Man beschuldigte mich, dieses Geld auf einem Schweizer Konto geparkt zu haben. Die Staatsanwaltschaft bezeugte wenige Tage später die Echtheit eines Kontoeröffnungsdokuments bei der Schweizer Kredit Bank. Sehr verehrte Damen und Herren, liebe Wähler, diese Anschuldigungen sind falsch. Ich habe nie, zu keinem Zeitpunkt Geld auf ein Schweizer Konto überwiesen. Und zwei Männer, die dies bezeugen können, sitzen hier hinter mir. Sie heißen Bertram und Rocko Bernoulli.«

Die Kanzlerin macht einen Schritt zur Seite. Die Kamera kommt näher ran, und man sieht zwei bedröppelt dreinschauende Männer in die Kamera starren. Man sieht ihre Gesichter ganz klar und deutlich.

»Wo sind wir hier, die Herren Bernoulli?«, fragt die Kanzlerin.

»Wir sind im Hotel Ritz in Zürich«, sieht man Rocko eingeschüchtert antworten.

»Was sind Sie beide von Beruf?«

»Ich arbeite hier im Hotel an der Rezeption, ich empfange die Gäste«, antwortet Rocko.

»Uuuuuund ich aaaaarbeite für die Schweizer Kkkkkredit Bbbank, ich bbbin dort für vermöööööögende Ppppprivatkunden zuständig«, stottert Betram plötzlich. Das passiert immer, wenn er aufgeregt ist.

»Sind Sie miteinander verwandt?«, fragt die Kanzlerin wie in einem Gerichtsverhör.

»Ja, wir sind Brüder.«

»Was ist am 23. April dieses Jahres hier im Hotel passiert?«

»Sie und Ihr Mann Johannes Mörkel haben bei uns eingecheckt«, antwortet Rocko.

»Wussten Sie, wer ich bin?«

»Ja, das wusste ich.«

»Habe ich denn so ausgesehen wie jetzt?«

»Nein, Sie hatten einen Hut und dunkle Sonnenbrille auf, einen Mantel an.«

»Warum erkannten Sie mich dann?«

»Nun, am Namen. Sie haben unter ihrem Namen reserviert.«

»Kannten Sie auch meinen Mann?«

»Nicht vom Sehen, aber ich wusste, dass er auch bei uns übernachten würde. Ich hatte ›Kanzler Ehemann Mörkel‹ gegoogelt. Es war der gleiche Name wie auf der Reservierung.«

»Ihnen war also mehrere Tage vor dem Einchecken klar, wer bald zu Ihnen ins Hotel kommen würde?«

»Ja, ich wusste es circa eine Woche vorher.«

»Was machen Sie üblicherweise mit Hotelgästen, die gerade ankommen?«

»Sie füllen ein Anmeldeformular aus, bekommen dann ihren Zimmerschlüssel. Bezahlt wird zum Schluss.«

»Als ich am 23. April bei Ihnen am Tresen stand, was haben Sie mir da hingelegt? Ein Anmeldeformular?« Angelika Mörkels Stimme wird immer bedrohlicher, Rocko mit jedem Satz kleiner.

»Nein.«

»Was war es, was Sie mir hingelegt haben?«

»Ein anderes Formular.«

»Was für eines?«, schreit ihn die Kanzlerin plötzlich an. Rocko zuckt zusammen.

»Ein Kontoeröffnungsdokument der Schweizer Kredit Bank.«

Hermine Kösser schlägt sich zuhause auf ihrem Sofa fassungslos die Hand vor den Mund, Mark und Mimmy sehen sich mit großen Augen an, Robert Merburg brummt ein »Oh nein«, und Hermann Klotzer seufzt ein stolzes »Meine Geli«.

»Woher hatten Sie dieses Dokument?«

»Von meinem Bruder hier.« Rocko nickt in Bertrams Richtung.

»War ich mir dessen bewusst, was ich da unterschreibe?«

»Nein, das konnten Sie nicht wissen.«

Angelika Mörkel schaut Rocko ganz streng an, woraufhin dieser schnell fortfährt. »Ich hatte meine Hand geschickt über das Papier gelegt, sodass Sie nicht erkennen konnten, dass es eben kein Anmeldeformular für unser Hotel ist«, fügt er schnell hinzu.

»Ihr Bruder und Sie, was haben Sie mit dieser Täuschung beabsichtigt?«

Man sieht beiden an, wie unbehaglich ihnen zumute ist. »Wir wollten Sie erpressen ...« Rocko läuft der Schweiß mittlerweile in Strömen.

»Was genau hatten Sie vor?« Angelika Mörkel dreht sich zu Berti.

»Erst wwwwollten wir von Ihnen Geld, ddddamit nicht öööööffentlich wwwird, dass Sie ein Kkkkonto in der Schweiz bbbbesitzen«, antwortet er. »Mit ddddder Uuuunterschrift hhhhatten Sie ja ttttatsächlich eins. Wwwir haben ddddann von einem aaaanderen Konto Geld auf Ihres üüüüüberwiesen, den Bankauszug abgespeichert, auf eine CD kopiert.«

»Hat mein Pressesprecher, bei dem Sie angerufen haben, Ihnen dieses Geld gegeben? Hat er Ihnen geglaubt?«

»Nein.«

»Warum hat er das nicht?«

»Weil Sie niemals ein Konto in der Schweiz unterhalten würden?« Rocko hofft nichts Falsches zu sagen.

»Genau! So etwas würde ich niiiieeee tun. Ich habe erst über den Bericht im *Observierer* davon erfahren.« Angelika Mörkel macht eine kurze Pause, schaut an der Kamera vorbei zu Johannes, der vor Stolz fast platzt, so genial findet er, wie seine Frau hier diese beiden Betrüger vorführt. Ihr Mut, bewundernswert! So mag er seine Geli!

Die Kanzlerin dreht sich zurück zu Bertram und Rocko. »Was haben Sie dann gemacht?«

»Wir sind mit der Information über Ihr Konto an die Presse herangetreten. Ihr Pressesprecher hat uns ja nicht für voll genommen, da haben wir es dort versucht.«

»An welches Nachrichtenmagazin haben Sie sich gewandt?«

»Den *Observierer*. Unsere Kontaktperson dort war Tom Berber.«

Tom, der hier den Kameramann spielt, dreht sein Handy um, so dass er ins Bild kommt. »Das bin ich«, sagt er in die Linse. »Ich bin auf diese Betrüger reingefallen, und es tut mir unendlich leid«. Er schwenkt wieder zurück. »Bitte akzeptieren Sie meine Entschuldigung, Frau Bundeskanzlerin.«

Angelika Mörkel wird viel entspannter im Gesicht. »Du hast deinen Job gemacht, jeder andere hätte auch über diesen Betrug berichtet. Es deutete ja auch alles darauf hin, dass ich tatsächlich betrogen habe. Bis auf das Video der Überwachungskamera. Wer schon mal in der Lobby des Ritz hier in Zürich war, erkennt sofort, woher das Überwachungsvideo stammt. Die Staatsanwaltschaft Berlin hat es bis heute leider nicht begriffen, dass keine Bankfiliale zu sehen ist, sondern die Eingangshalle des Hotels, in das wir am 23. April eingecheckt haben. Wo wir uns übrigens auch aktuell befinden und dieses Video drehen. Sei's drum. Jedenfalls, Tom, nichts für ungut, du konntest nicht wissen, dass dich Bertram und Rocko hier – genauso wie mich – hinters Licht führen.«

»Sie werden sich nun fragen, warum wir beide hier zusammen dieses Video aufnehmen.« Tom dreht erneut die Kamera auf sich. »Das ist eine lange Geschichte und würde an dieser Stelle den Rahmen sprengen.«

»Wir haben uns jedenfalls zusammengetan, um diese Betrüger hier öffentlich zur Rede zu stellen.« Angelika Mörkel zeigt auf die beiden Männer, Tom schwenkt zurück. »Betram und Rocko Bernoulli, Sie haben Tom Berber und mich betrogen, und das nehmen wir Ihnen sehr übel.«

Wie zwei Schuljungen, die beim Stehlen erwischt wurden, sinken sie in sich zusammen.

»Ich verlange von Ihnen eine Entschuldigung. Was Sie mit mir gemacht haben, ist eine Frechheit! Sie haben Glück, dass ich gelernt habe, meine Hand unter Kontrolle zu halten! Sonst würde ich Ihnen hier und jetzt eine Kanzler-Ohrfeige verpassen, die Sie Ihren Enkeln noch zeigen könnten.«

»Frau Kanzlerin, es tut uns leid, wir wollten Sie nicht in ein schlechtes Licht rücken. Sie haben sich nichts zuschulden kommen lassen – zumindest inwieweit wir das beurteilen können. Wir haben gelogen, betrogen. Es tut uns leid.«

Angelika Mörkel schaut sie argwöhnisch an und dreht sich dann zurück zur Kamera. »Meine sehr verehrten Wähler, meine sehr verehrten Bürger. Hier die Wahrheit: Dieses Kontoeröffnungsdokument, das meine Originalunterschrift trägt, es ist ein Papier, das mir dieser Mann hier von der Rezeption hingehalten hat, und ich dachte, es sei das Formular, das man eben unterschreibt, wenn man eincheckt. Still und heimlich aber hat mir Rocko Bernoulli etwas anderes untergeschoben. Ich erinnere mich: Er hat eine Hand oben auf das Papier gelegt, als wolle er etwas verdecken. Er sagte, ich solle nur das Datum eintragen und unterschreiben, mehr bräuchte er nicht.« Angelika Mörkel schüttelt angewidert den Kopf. »Ich bin schlitzohrigen Betrügern zum Opfer gefallen. Ich hatte nie die Absicht, ein Konto in der

Schweiz zu eröffnen, den deutschen Staat um seine Steuern zu betrügen. Es ist nie Geld auf dieses Konto geflossen. Sie haben mein Ehrenwort, das ist die Wahrheit.« Angelika Mörkel setzt sich auf die Bettkante und macht einen Moment Pause.

»Ich bin so stolz auf sie«, flüstert Mimmy in Marks Ohr.

Tom erscheint wieder im Bild. »Rocko Bernoulli hier hat mich in der Redaktion angerufen, mir vom Konto der Kanzlerin erzählt. Wir trafen uns in Hamburg. Er wollte einen hohen Preis für die Informationen. Ich gebe es offen zu, wir haben bezahlt. Er gab mir das Beweismaterial, und es war für mich eindeutig: Kanzlerin Angelika Mörkel hat Steuern hinterzogen. Ich sah die Originalunterschrift, den Millionenbetrag und dann war da auch noch dieses Video. Mein Arbeitgeber *Der Observierer* druckte die Geschichte, es kam in den Nachrichten, und ich träumte vom Medienpreis. Ich konnte nicht wissen, dass alles ein Betrug war, dass da im Video die Hotel- und nicht eine Banklobby zu sehen ist. Es tut mir leid, ich wollte Sie nicht diskreditieren, Frau Bundeskanzlerin.«

Angelika Mörkel streckt einen Arm vor und klopft Tom auf die Schulter, woraufhin die Kamera hin und her wackelt. »Tom, wie gesagt, mach dir keinen Kopf, du konntest es nicht wissen. Die einzige Person, der ich etwas vorwerfen kann, bin ich selbst.« Sie schaut direkt in die Kamera. »Ich entschuldige mich bei Ihnen, liebe Bürger, liebe Wähler, dafür, dass ich Sie alle eine Woche habe hängen lassen mit der Ungewissheit, ob Sie Ihre Stimme einer Betrügerin gegeben haben. Ich hätte mich nicht verstecken dürfen, ich hätte offen mit den Anschuldigungen umgehen, Sie informieren sollen, Ihnen den Respekt zollen, den Sie verdient haben.

Wie Sie sehen können habe ich keinen schmerzenden Bandscheibenvorfall und ich liege auch nicht zuhause auf dem Sofa. Ich hatte mich in einer anderen Wohnung in Berlin versteckt. Es tut mir aufrichtig leid, sie hinters Licht geführt zu haben. Bitte akzeptieren Sie meine Entschuldigung. Sie müssen wissen, es ist nicht leicht für mich, darüber zu sprechen, wie es zu dem Vorfall in Zürich kommen konnte.« Man sieht, wie es Angelika Mörkel schwerfällt, zu sagen, was jetzt kommt. »Sie haben die Wahrheit verdient. Hier kommt sie.« Sie räuspert sich. »Mein Mann Johannes Mörkel und ich sind nach Zürich gereist, um … um an einem ... Eheseminar teilzunehmen.« Angelika Mörkel knetet unruhig ihre Hände. Sie fühlt sich keinesfalls wohl in ihrer Haut, aber da muss sie jetzt durch. »Unsere Ehe durchläuft momentan unruhiges Fahrwasser, und so haben wir uns dort angemeldet, weit, weit weg von zuhause. So kam es, dass wir an diesem 23. April im Ritz in Zürich eincheckten – in der Hoffnung natürlich, uns würde niemand erkennen. Wir wollten unsere Eheprobleme auf jeden Fall privat halten. Ja, ich bin mit Sonnenbrille und Mütze, in einen Mantel gehüllt und mit einem Koffer in der Hand in dieses Hotel reingelaufen. Im Koffer war aber kein Geld, da waren Unterhosen, Socken, Strümpfe, zwei Outfits für den Tag, der Pyjama und sogar ein Negligee drin. Keine Geldscheine, wie in einem bekloppten Hollywoodfilm. Nun, der Plan ging offensichtlich nicht auf. Rocko Bernoulli hier hat gewusst, wer da zum Seminar erscheint.« Angelika Mörkel schaut wieder über die Kamera hinweg zu Johannes, der direkt hinter Tom steht. »Es tut mir leid Johannes, dass ich dich da mit reingerissen habe, dass dieser Teil unseres Privatlebens nun öffentlich ist.« Sie schaut wieder in die Linse. »Meine sehr verehrten

Damen und Herren, Johannes Mörkel und ich werden uns scheiden lassen. Unsere Ehe ist aus. Damit verabschiede ich mich von Ihnen. Bitte akzeptieren Sie meine Entschuldigung. Es liegt mir so viel daran.«

Das Video ist an dieser Stelle zu Ende. Was der Zuschauer nicht sieht, ist, wie Johannes Mörkel mit einem Riesensatz hinter Tom und der Kamera hervorspringt, auf seine Frau zuläuft, sie packt und ihr einen Kuss gibt, wie er im Buche steht.

Nuschi fällt bei diesem Anblick in Ohnmacht – das war jetzt einfach zu viel.

»Geli, ich bin so stolz auf dich ...«, haucht Johannes Mörkel in das Ohr seiner Frau und deutet den anderen an zu gehen. Tom weiß nicht so recht, was er mit zwei gefesselten Männern und einer Ohnmächtigen machen soll. Rocko und Berti nimmt er die freiheitseinschränkenden Strumpfhosen ab, schiebt sie mit dem Fuß zur Tür raus. Und Nuschi zieht er unter den Achseln aus dem Zimmer. Rocko ist überraschenderweise hilfsbereit und zeigt Tom den Wäscheraum. Dort legt er Nuschi ab und sinkt erschöpft neben ihr auf den Boden.

In Zimmer Nummer 305 fallen währenddessen die Hüllen. Von wegen Ehe aus – da tanzt die Maus!

38 Wiedersehen

Ein paar Tage vergehen. Die Kanzlerin ist zum Live-Interview bei einem Fernsehsender zu Gast. Überall sind Kameras und Scheinwerfer, Kameraleute und Redakteure.

»Das ist ja eine Geschichte, wie sie sonst nur in Drehbüchern vorkommt, Frau Bundeskanzlerin.« Der Moderator ist bester Laune.

»Nicht wahr? Das finde ich auch.«

»Ihre Umfragewerte sind seit Ihrem Video rasant in die Höhe geschossen, auf Allzeithoch. Wie erklären Sie sich das?«

»Ich denke, die Menschen können sich mit mir nun mehr identifizieren. Jeder wurde schon mal hinters Licht geführt – und sei es wegen der kleinsten Kleinigkeit. Und Eheprobleme, nun, wer hat die nicht!? Ich glaube, ich bin für die Wähler menschlicher geworden. Zum Glück haben sie mir die Lüge mit dem Bandscheibenvorfall verziehen. Da bin ich echt dankbar.«

»Erzählen Sie uns doch noch mal die Details Ihrer Reise nach Zürich und wie das dort im Hotel alles ablief.«

»Nun, mein Mann Johannes, Tom, ein Freund der Familie und ich, wir vier fuhren an dem Samstag von Berlin nach Zürich. Es regnete ein bisschen, wir brauchten neun Stunden, und als wir ankamen ...« Angelika Mörkel kommt ins Stocken. Sie hat eben zu einer der Kameras gesehen und glaubte, ein ihr bekanntes Gesicht dort hinten im Schatten der Scheinwerfer erblickt zu haben. Sie ist sich nicht sicher. Sie muss sich getäuscht haben.

»Als wir ankamen, da besorgte mein Mann uns erst einmal ein Zimmer ...«

Jetzt sieht sie die Person ganz deutlich. Ganz hinten hinter Kamera Drei steht Mimmy. Angelika Mörkel verstummt. Der Moderator runzelt die Stirn, rutscht nervös auf seinem Stuhl hin und her. Was ist denn plötzlich mit der Kanzlerin los? »Was haben Sie dann gemacht?«, versucht er die Situation zu retten.

Angelika Mörkel beginnt zu lächeln, und Mimmy grinst zurück. Plötzlich sagt sie in Richtung Mimmy (der Moderator bekommt große Augen): »Welcher Film ist das? *Ich bin Edward Kimberley. Edward Kimberley. Und ich bin keinesfalls geisteskrank, sondern stolz und glücklich und stark genug, um wirklich die Frau zu sein, die der beste Teil meiner Männlichkeit war.*«

Die Kanzlerin klippst sich das Mikrofon ab und geht zu ihrer Freundin rüber. »*Der beste Teil meiner selbst* – das war ich mit dir und Mark und Tobi und Hermann. Ich kann dir gar nicht sagen, wie sehr ich euch vermisse.« Und damit umarmt sie Mimmy ganz fest.

»Schaltet in die Werbung!«, schreit irgendwo ein Redakteur.